# Middelhavets Smagseksplosion
## En Kulinarisk Rejse til Sol og Smag

Sofia Larsen

# Indholdsfortegnelse

Havaborre i en lomme ........................................................................... 9

Cremet røget laksepasta ...................................................................... 11

Slow Cooker græsk kylling ................................................................... 13

Kylling Gyros ........................................................................................ 15

Slow Cooker Kylling Cassoulet ............................................................ 17

Kalkunsteg i græsk stil ........................................................................ 20

Kylling hvidløg med couscous ............................................................ 22

Kylling Karahi ...................................................................................... 24

Kylling Cacciatore med Orzo .............................................................. 26

Langsomt tilberedt provencalsk daube ............................................. 28

Osso Bucco .......................................................................................... 30

Slow Cooker Beef Bourguignon .......................................................... 32

Balsamico kalvekød ............................................................................ 35

Roastbeef ............................................................................................ 37

Middelhavsris og pølse ....................................................................... 39

Spanske frikadeller ............................................................................. 40

Blomkålssteaks med oliven- og citrussauce ..................................... 42

Pistacie og mynte pesto pasta ........................................................... 44

Cherry tomatsauce med englehårpasta ............................................ 46

Bagt tofu med soltørrede tomater og artiskokker ............................ 48

Bagt middelhavstempeh med tomater og hvidløg ........................... 50

Ristede Portobello-svampe med grønkål og rødløg ......................... 53

Zucchini fyldt med ricotta, basilikum og pistacie ............................. 57

Farro med ristede tomater og svampe .............................................. 59

Bagt orzo med aubergine, chard og mozzarella ... 62

Bygrisotto med tomater ... 64

Kikærter og grønkål med spicy pomodoro sauce ... 66

Brændt feta med grønkål og citronyoghurt ... 68

Ristede aubergine og kikærter med tomatsauce ... 70

Bagte Falafel Sliders ... 72

Portobello Caprese ... 74

Tomater fyldt med svampe og ost ... 76

Tabuler ... 78

Krydret Broccoli Rabe og Koglehjerter ... 80

Shakshuka ... 82

Spanakopita ... 84

Tagine ... 86

Citrus pistacienødder og asparges ... 88

Aubergine fyldt med tomat og persille ... 90

Ratatouille ... 92

Gemist ... 94

Kål fyldte ruller ... 96

Rosenkål med balsamico glasur ... 98

Spinatsalat med citrusvinaigrette ... 100

Simpel selleri og appelsinsalat ... 101

Stegte aubergineruller ... 103

Ristede grøntsager og skål med brune ris ... 105

Blomkålshash med gulerødder ... 107

Zucchini tern med hvidløg og mynte ... 108

Zucchini og Artiskok skål med Faro ... 109

5-ingrediens zucchini fritter ... 111

Marokkansk tagine med grøntsager ........... 113

Kikærter og salat wraps med selleri ........... 115

Grillede grøntsagsspyd ........... 116

Portobellosvampe fyldt med tomater ........... 118

Visne mælkebøtteblade med sødt løg ........... 120

Selleri og sennepsgrønt ........... 121

Grøntsags- og tofukrydderi ........... 122

Simple Zoodles ........... 124

Linser og tomatspirer wraps ........... 125

Middelhavs grøntsagsskål ........... 127

Brændt grøntsag og hummus wrap ........... 129

Spanske grønne bønner ........... 131

Rustik blomkål og gulerods hash ........... 132

Brændt blomkål og tomater ........... 133

Ristet Acorn Squash ........... 135

Sauteret spinat med hvidløg ........... 137

Sauterede zucchini med hvidløg og mynte ........... 138

Stuvet okra ........... 138

Peberfrugt fyldt med søde grøntsager ........... 139

Aubergine Moussaka ........... 142

Drueblade fyldt med grøntsager ........... 144

Grillede aubergineruller ........... 146

Sprøde Zucchini Fritters ........... 148

Spinattærter med ost ........... 150

Agurkebid ........... 152

yoghurtdip ........... 153

tomat bruchette ........... 154

Tomater fyldt med oliven og ost .................................................................. 156

Peber tapenade .................................................................................................. 157

Koriander falafel ................................................................................................. 158

Hummus med rød peber .................................................................................... 160

Hvide bønnedip .................................................................................................. 161

Hummus med malet lam .................................................................................... 162

Aubergine dip .................................................................................................... 163

Grøntsagsfritter ................................................................................................. 164

Bulgur lam frikadeller ....................................................................................... 166

Agurkebid .......................................................................................................... 168

Fyldt avocado .................................................................................................... 169

Indpakkede blommer ......................................................................................... 170

Marineret feta og artiskokker ........................................................................... 171

Tun kroketter .................................................................................................... 172

Crudités med røget laks .................................................................................... 175

Marinerede oliven med citrus ........................................................................... 176

Oliventapenade med ansjoser ........................................................................... 177

Græske Deviled Æg ........................................................................................... 179

Manchegas Cookies ........................................................................................... 181

Burrata Caprese stak ......................................................................................... 183

Zucchini og Ricotta Fritters med Citron Hvidløg Aioli ..................................... 185

Lakse fyldte agurker ......................................................................................... 187

Gedeost og Makrel Pate .................................................................................... 189

Smag af middelhavsfedtbomber ........................................................................ 191

Avocado Gazpacho ............................................................................................ 192

Krabbekage Salatkopper ................................................................................... 194

Orange Estragon Kylling Salat Wrap ................................................................ 196

Svampe fyldt med feta og quinoa ........................................................ 198

Fem-ingrediens falafel med hvidløg og yoghurtsauce ........................ 200

Citronrejer med hvidløg olivenolie ...................................................... 202

Sprøde grønne bønnefrites med citronyoghurtsauce ......................... 204

Hjemmelavede havsalt pita chips ........................................................ 206

Bagt Spanakopita Dip ........................................................................... 207

Ristet perleløg dip ................................................................................ 209

Rød peber tapenade ............................................................................. 211

Græsk kartoffelskind med oliven og fetaost ....................................... 213

Artiskok og Oliven Pita Fladbrød ......................................................... 215

# Havaborre i en lomme

**Forberedelsestid: 10 minutter.**

**Tid til at lave mad:** 25 minutter

**Portioner: 4**

**Sværhedsgrad: gennemsnitlig**

**Ingredienser:**

- 4 havaborrefileter
- 4 fed hvidløg, skåret i skiver
- 1 stilk selleri, skåret i skiver
- 1 zucchini skåret i skiver
- 1 C. cherrytomater skåret i halve
- 1 skalotteløg, skåret i skiver
- 1 tsk tørret oregano
- Salt og peber

**Adresser:**

Bland hvidløg, selleri, zucchini, tomater, skalotteløg og oregano i en skål. Tilsæt salt og peber efter smag. Tag 4 plader bagepapir og læg dem på din arbejdsflade. Læg grøntsagsblandingen i midten af hvert blad.

Top med en fiskefilet og pak derefter papiret godt ind, så det ligner en lomme. Læg den indpakkede fisk på en bageplade og steg i den forvarmede 350 F/176 C ovn i 15 minutter. Server fisken lun og frisk.

**Ernæring (pr. 100 g):** 149 Kalorier 2,8 g Fedt 5,2 g Kulhydrater 25,2 g Protein 696 mg Natrium

# Cremet røget laksepasta

**Forberedelsestid: 5 minutter.**

**Tid til at lave mad**: 35 minutter

**Portioner: 4**

**Sværhedsgrad: gennemsnitlig**

**Ingredienser:**

- 2 spsk olivenolie
- 2 fed hvidløg, hakket
- 1 skalotteløg hakket
- 4 oz. eller 113 g hakket røget laks
- 1 C. grønne ærter
- 1 C. tyk creme
- Salt og peber
- 1 knivspids chiliflager
- 8 oz. eller 230 g pennepasta
- 6c. vand

**Adresser:**

Stil stegepanden over medium-høj varme og tilsæt olie. Tilsæt hvidløg og skalotteløg. Kog i 5 minutter eller indtil det er blødt. Tilsæt ærter, salt, peber og chiliflager. Kog i 10 minutter.

Tilsæt laksen og steg videre i yderligere 5-7 minutter. Tilsæt tung fløde, reducer varmen og kog i 5 minutter mere.

Sæt i mellemtiden en gryde med vand og salt efter smag over høj varme, så snart det koger, tilsæt penne-pastaen og kog i 8-10 minutter, eller indtil den er blødgjort Dræn pastaen, tilsæt laksesaucen og server

**Ernæring (pr. 100 g):** 393 Kalorier 20,8 g Fedt 38 g Kulhydrater 3 g Protein 836 mg Natrium

# Slow Cooker græsk kylling

**Forberedelsestid: 20 minutter.**

**Tilberedningstid: 3 timer.**

**Portioner: 4**

**Sværhedsgrad: gennemsnitlig**

**Ingredienser:**

- 1 spsk ekstra jomfru olivenolie
- 2 pund udbenet kyllingebryst
- ½ tsk kosher salt
- ¼ tsk sort peber
- 1 krukke (12 ounce) ristede røde peberfrugter
- 1 kop Kalamata oliven
- 1 mellemstor rødløg, skåret i stykker
- 3 spsk rødvinseddike
- 1 spsk hakket hvidløg
- 1 tsk honning
- 1 tsk tørret oregano
- 1 tsk tørret timian
- ½ kop fetaost (valgfrit til servering)
- Hakkede friske krydderurter: enhver blanding af basilikum, persille eller timian (valgfrit til servering)

**Adresser:**

Overtræk slow cooker med madlavningsspray eller olivenolie. Kog olivenolien i en stor stegepande. Krydr begge sider af kyllingebrystene. Når olien er varm, tilsæt kyllingebryst og brun på begge sider (ca. 3 minutter).

Når det er kogt, overføres det til slow cookeren. Tilsæt rød peberfrugt, oliven og rødløg til kyllingebrystene. Prøv at placere grøntsagerne rundt om kyllingen og ikke direkte ovenpå den.

I en lille skål piskes eddike, hvidløg, honning, oregano og timian sammen. Når det er blandet, hældes det over kyllingen. Kog kyllingen ved svag varme i 3 timer eller indtil den ikke længere er lyserød i midten. Server med smuldret fetaost og friske krydderurter.

**Ernæring (pr. 100 g):** 399 Kalorier 17 g Fedt 12 g Kulhydrater 50 g Protein 793 mg Natrium

# Kylling Gyros

**Forberedelsestid: 10 minutter.**

**Tilberedningstid: 4 timer.**

**Portioner: 4**

**Sværhedsgrad: gennemsnitlig**

**Ingredienser:**

- 2 pund. udbenet kyllingebryst eller kyllingemøre
- Saft af en citron
- 3 fed hvidløg
- 2 tsk rødvinseddike
- 2-3 spsk olivenolie
- ½ kop græsk yoghurt
- 2 tsk tørret oregano
- 2 til 4 teskefulde græsk krydderier
- ½ lille rødløg, hakket
- 2 spsk dild
- tzatziki sauce
- 1 kop almindelig græsk yoghurt
- 1 spsk dild
- 1 lille engelsk agurk, hakket
- Knip salt og peber
- 1 tsk løgpulver
- <u>Til dækning:</u>

- Tomater
- Hakkede agurker
- Hakket rødløg
- Fetaost skåret i tern
- Smuldret pitabrød

**Adresser:**

Skær kyllingebrystene i tern og læg dem i slowcookeren. Tilsæt citronsaft, hvidløg, eddike, olivenolie, græsk yoghurt, oregano, græsk krydderier, rødløg og dild til slow cookeren og rør rundt for at sikre, at alt er godt blandet. .

Kog ved lav varme i 5-6 timer eller ved høj varme i 2-3 timer. Tilsæt imens alle ingredienserne til tzatzikisaucen og rør rundt. Når det er godt blandet, sættes det i køleskabet, indtil kyllingen er kogt.

Når kyllingen er færdiglavet, serveres med pitabrød og en eller flere af ingredienserne nævnt ovenfor.

**Ernæring (pr. 100 g):** 317 Kalorier 7,4 g Fedt 36,1 g Kulhydrater 28,6 g Protein 476 mg Natrium

# Slow Cooker Kylling Cassoulet

**Forberedelsestid: 10 minutter.**

**Tid til at lave mad**: 20 minutter

**Portioner: 16**

**Sværhedsgrad: gennemsnitlig**

**Ingredienser:**

- 1 kop tørrede hvide bønner, udblødte
- 8 udbenede, skindfri kyllingelår
- 1 polsk pølse, kogt og skåret i små stykker (valgfrit)
- 1¼ kop tomatjuice
- 1 dåse (28 ounce) tomater, halveret
- 1 spsk Worcestershire sauce
- 1 tsk instant oksekød eller kylling bouillon granulat
- ½ tsk tørret basilikum
- ½ tsk tørret oregano
- ½ tsk paprika
- ½ kop hakket selleri
- ½ kop hakket gulerod
- ½ kop hakket løg

**Adresser:**

Pensl slowcookeren med olivenolie eller nonstick-spray. I en skål piskes tomatjuice, tomater, Worcestershire sauce, oksebouillon, basilikum, oregano og paprika sammen. Sørg for, at ingredienserne er godt blandet.

Læg kyllingen og pølsen i slowcookeren og dæk med tomatsaftblandingen. Top med selleri, gulerod og løg. Lad det simre i 10 til 12 timer.

**Ernæring (pr. 100 g):** 244 Kalorier 7 g Fedt 25 g Kulhydrater 21 g

Slow Cooker Provencalsk kylling

**Forberedelsestid: 5 minutter.**

**Tilberedningstid: 8 timer.**

**Portioner: 4**

**Sværhedsgrad: Let**

**Ingredienser:**

- 4 udbenede, skindfrie kyllingebrysthalvdele (6 ounce)
- 2 tsk tørret basilikum
- 1 tsk tørret timian
- 1/8 tsk salt
- 1/8 tsk friskkværnet sort peber
- 1 gul peberfrugt i tern
- 1 rød peberfrugt skåret i tern
- 1 dåse (15,5 ounce) cannellini bønner
- 1 dåse (14,5 ounce) babytomater med basilikum, hvidløg og oregano, udrænet

**Adresser:**

Pensl slow cooker med nonstick olivenolie. Tilsæt alle ingredienser til slow cookeren og rør for at kombinere. Kog ved svag varme i 8 timer.

**Ernæring (pr. 100 g):** 304 Kalorier 4,5 g Fedt 27,3 g Kulhydrater 39,4 g Protein 639 mg Natrium

## Kalkunsteg i græsk stil

**Forberedelsestid: 20 minutter.**

**Tid til at lave mad**: 7 timer og 30 minutter

**Portioner: 8**

**Sværhedsgrad: gennemsnitlig**

**Ingredienser:**

- 1 (4 pund) udbenet kalkunbryst, trimmet
- ½ kop hønsebouillon, delt
- 2 spsk frisk citronsaft
- 2 kopper hakket løg
- ½ kop udstenede Kalamata-oliven
- ½ kop oliefyldte soltørrede tomater, skåret i tynde skiver
- 1 tsk græsk krydderi
- ½ tsk salt
- ¼ tsk friskkværnet sort peber
- 3 spsk universalmel (eller fuld hvede)

**Adresser:**

Pensl slowcookeren med nonstick-spray eller olivenolie. Tilsæt kalkun, ¼ kop kyllingebouillon, citronsaft, løg, oliven, soltørrede tomater, græsk krydderier, salt og peber til slow cookeren.

Kog ved svag varme i 7 timer. Hæld melet i den resterende ¼ kop kyllingebouillon, og rør derefter forsigtigt i slow cookeren. Kog i 30 minutter mere.

**Ernæring (pr. 100 g):** 341 Kalorier 19 g Fedt 12 g Kulhydrater 36,4 g Protein 639 mg Natrium

# Kylling hvidløg med couscous

**Forberedelsestid: 25 minutter.**

**Tilberedningstid: 7 timer.**

**Portioner: 4**

**Sværhedsgrad: gennemsnitlig**

**Ingredienser:**

- 1 hel kylling, skåret i stykker
- 1 spsk ekstra jomfru olivenolie
- 6 fed hvidløg, skåret i halve
- 1 kop tør hvidvin
- 1 kop couscous
- ½ tsk salt
- ½ tsk peber
- 1 mellemstor løg, skåret i tynde skiver
- 2 tsk tørret timian
- 1/3 kop fuldkornshvedemel

**Adresser:**

Kog olivenolie i en tung stegepande. Når panden er varm tilsættes kyllingen til brun. Sørg for, at kyllingestykkerne ikke rører hinanden. Steg med skindsiden nedad i cirka 3 minutter eller indtil de er gyldenbrune.

Børst din slow cooker med nonstick-spray eller olivenolie. Kom løg, hvidløg og timian i slowcookeren og drys med salt og peber. Læg kyllingen ovenpå løgene.

I en separat skål blandes melet med vinen, indtil det er glat, og hældes derefter over kyllingen. Kog i 7 timer eller indtil færdig. Du kan også koge ved høj varme i 3 timer. Server kyllingen over den kogte couscous og hæld saucen over.

**Ernæring (pr. 100 g):** 440 Kalorier 17,5 g Fedt 14 g Kulhydrater 35,8 g Protein 674 mg Natrium

## Kylling Karahi

**Forberedelsestid:** 5 minutter.

**Tilberedningstid:** 5 timer.

**Portioner:** 4

**Sværhedsgrad:** Let

**Ingredienser:**

- 2 pund. kyllingebryst eller lår
- ¼ kop olivenolie
- 1 lille dåse tomatpure
- 1 spsk smør
- 1 stort løg i tern
- ½ kop almindelig græsk yoghurt
- ½ kop vand
- 2 spsk ingefær i hvidløgspasta
- 3 spsk bukkehornsblade
- 1 tsk stødt koriander
- 1 mellemstor tomat
- 1 tsk rød chili
- 2 grønne chilier
- 1 tsk gurkemeje
- 1 spsk garam masala
- 1 tsk spidskommen pulver
- 1 tsk havsalt
- ¼ tsk muskatnød

**Adresser:**

Pensl slow cooker med nonstick madlavningsspray. I en lille skål blandes alle krydderierne godt. Bland kyllingen i slow cookeren, efterfulgt af resten af ingredienserne, inklusive krydderiblandingen. Rør til alt er godt blandet med krydderierne.

Kog ved svag varme i 4-5 timer. Server med naan eller italiensk brød.

**Ernæring (pr. 100 g):** 345 Kalorier 9,9 g Fedt 10 g Kulhydrater 53,7 g Protein 715 mg Natrium

# Kylling Cacciatore med Orzo

**Forberedelsestid: 20 minutter.**

**Tilberedningstid: 4 timer.**

**Portioner: 6**

**Sværhedsgrad: Let**

**Ingredienser:**

- 2 pund skind på kyllingelår
- 1 spsk olivenolie
- 1 kop champignon i kvarte
- 3 gulerødder hakket
- 1 lille krukke Kalamata oliven
- 2 dåser (14 ounce) tomater i tern
- 1 lille dåse tomatpure
- 1 kop rødvin
- 5 fed hvidløg
- 1 kop orzo

**Adresser:**

I en stor stegepande koges olivenolien. Når olien er varm tilsættes kyllingen med skindsiden nedad og brunes. Sørg for, at kyllingestykkerne ikke rører hinanden.

Når kyllingen er brunet, tilsættes den til slow cookeren sammen med alle ingredienserne undtagen orzoen. Kog kyllingen i 2 timer, tilsæt derefter orzoen og steg i 2 timer mere. Server med sprødt franskbrød.

**Ernæring (pr. 100 g):** 424 Kalorier 16 g Fedt 10 g Kulhydrater 11 g Protein 845 mg Natrium

# Langsomt tilberedt provencalsk daube

**Forberedelsestid:** 15 minutter.

**Tilberedningstid:** 8 timer.

**Portioner:** 8

**Sværhedsgrad:** gennemsnitlig

## Ingredienser:

- 1 spsk olivenolie
- 10 fed hvidløg, hakket
- 2 pund udbenet steg
- 1½ tsk salt, delt
- ½ tsk friskkværnet sort peber
- 1 kop tør rødvin
- 2 kopper hakkede gulerødder
- 1½ dl hakket løg
- ½ kop oksebouillon
- 1 dåse (14 ounce) tomater i tern
- 1 spsk tomatpure
- 1 tsk hakket frisk rosmarin
- 1 tsk hakket frisk timian
- ½ tsk appelsinskal
- ½ tsk stødt kanel
- ¼ teskefuld stødt nelliker
- 1 laurbærblad

**Adresser:**

Forvarm en stegepande og tilsæt derefter olivenolien. Tilsæt hakket hvidløg og løg og steg indtil løgene er bløde og hvidløget begynder at brune.

Tilsæt kødet i tern, salt og peber og steg til kødet er brunet. Overfør kødet til slow cooker. Bland oksebouillonen i gryden og lad det simre i cirka 3 minutter for at afglatte gryden, og hæld derefter i slow cookeren over kødet.

Tilsæt resten af ingredienserne til slow cookeren og rør godt sammen. Indstil slowcookeren til lav og kog i 8 timer, eller indstil til høj og kog i 4 timer. Server med en side af ægnudler, ris eller noget sprødt italiensk brød.

**Ernæring (pr. 100 g):** 547 Kalorier 30,5 g Fedt 22 g Kulhydrater 45,2 g Protein 809 mg Natrium

## Osso Bucco

**Forberedelsestid:** 30 minutter.

**Tilberedningstid:** 8 timer.

**Portioner:** 3

**Sværhedsgrad:** gennemsnitlig

### Ingredienser:

- 4 okse- eller kalvelår
- 1 tsk havsalt
- ½ tsk malet sort peber
- 3 spsk fuldkornshvedemel
- 1-2 spsk olivenolie
- 2 mellemstore løg i tern
- 2 mellemstore gulerødder i tern
- 2 stilke selleri i tern
- 4 fed hvidløg, hakket
- 1 dåse (14 ounce) tomater i tern
- 2 tsk tørrede timianblade
- ½ kop okse- eller grøntsagsbouillon

### Adresser:

Krydr benene på begge sider, og dyp dem derefter i melet for at dække dem. Varm en stor stegepande op over høj varme. Tilsæt olivenolien. Når olien er varm, tilsæt benene og brun jævnt på begge sider. Når den er gyldenbrun, overføres den til slow cookeren.

Hæld bouillonen i gryden og lad simre i 3-5 minutter under omrøring for at afglatte gryden. Overfør resten af ingredienserne til slow cookeren og hæld bouillonen fra panden over toppen.

Indstil slow cookeren til lav og kog i 8 timer. Server Osso Bucco over quinoa, brune ris eller endda blomkålsris.

**Ernæring (pr. 100 g):** 589 Kalorier 21,3 g Fedt 15 g Kulhydrater 74,7 g Protein 893 mg Natrium

# Slow Cooker Beef Bourguignon

**Forberedelsestid: 5 minutter.**

**Tilberedningstid: 8 timer.**

**Portioner: 8**

**Sværhedsgrad: Hårdt**

**Ingredienser:**

- 1 spsk ekstra jomfru olivenolie
- 6 ounce bacon, groft hakket
- 3 pund oksebryst, trimmet, skåret i 2-tommers terninger
- 1 stor gulerod, skåret i skiver
- 1 stort hvidt løg i tern
- 6 fed hvidløg, hakket og delt
- ½ tsk groft salt
- ½ tsk friskkværnet peber
- 2 spsk fuldkornshvede
- 12 små løg
- 3 kopper rødvin (Merlot, Pinot Noir eller Chianti)
- 2 kopper oksebouillon
- 2 spsk tomatpure
- 1 oksebouillonterning, stødt
- 1 tsk frisk timian, finthakket
- 2 spsk frisk persille
- 2 laurbærblade
- 2 spsk smør eller 1 spsk olivenolie

- 1 pund friske små hvide eller brune svampe, skåret i kvarte

**Adresser:**

Varm en stegepande op over medium-høj varme, og tilsæt derefter olivenolien. Når olien er opvarmet, koges baconen sprød, og læg den derefter i din slow cooker. Gem baconfedtet i gryden.

Dup kødet tørt og steg det i samme stegepande med baconfedtet, indtil alle sider har samme brune farve. Overfør til slow cooker.

Bland løg og gulerødder i slowcookeren og smag til med salt og peber. Rør for at kombinere ingredienserne og sørg for, at alt er krydret.

Tilsæt rødvinen på panden og lad det simre i 4-5 minutter for at afglatte panden, og tilsæt derefter melet under omrøring, indtil det er glat. Fortsæt med at koge, indtil væsken reduceres og tykner lidt.

Når væsken er tyknet, hæld den i slowcookeren og rør rundt for at dække alt med vinblandingen. Tilsæt tomatpuré, bouillonterning, timian, persille, 4 fed hvidløg og laurbærblad. Indstil din slow cooker til høj og kog i 6 timer, eller indstil til lav og kog i 8 timer.

Blødgør smørret eller opvarm olivenolien i en stegepande ved middel varme. Når olien er varm, tilsæt de resterende 2 fed hvidløg og steg i cirka 1 minut, inden du tilsætter svampene. Kog svampene, indtil de er bløde, og tilsæt dem derefter til slow cookeren og rør for at kombinere.

Server med kartoffelmos, ris eller nudler.

**Ernæring (pr. 100 g):** 672 Kalorier 32 g Fedt 15 g Kulhydrater 56 g Protein 693 mg Natrium

# Balsamico kalvekød

**Forberedelsestid:** 5 minutter.

**Tilberedningstid:** 8 timer.

**Portioner:** 10

**Sværhedsgrad:** gennemsnitlig

**Ingredienser:**

- 2 pund udbenet steg
- 1 spsk olivenolie
- Gnide
- 1 tsk hvidløgspulver
- ½ tsk løgpulver
- 1 tsk havsalt
- ½ tsk friskkværnet sort peber
- Dip
- ½ kop balsamicoeddike
- 2 spiseskefulde honning
- 1 spsk honningsennep
- 1 kop oksebouillon
- 1 spsk tapioka, fuldkornshvedemel eller majsstivelse (for at gøre saucen tykkere, når den er færdiglavet, hvis det ønskes)

**Adresser:**

Inkorporer alle ingredienserne til massagen.

I en separat skål piskes balsamicoeddike, honning, honningsennep og oksebouillon sammen. Beklæd stegen med olivenolie, og gnid derefter krydderiblandingen ind. Læg stegen i slowcookeren og hæld derefter saucen over toppen. Indstil slow cookeren til lav og kog i 8 timer.

Hvis du vil tykne saucen, når stegen er klar, så overfør den fra slowcookeren til en serveringsplade. Fyld derefter væsken i en gryde og opvarm den til kog på komfuret. Bland melet i, til det er glat, og lad det simre, indtil saucen tykner.

**Ernæring (pr. 100 g):** 306 Kalorier 19 g Fedt 13 g Kulhydrater 25 g Protein 823 mg Natrium

# Roastbeef

**Forberedelsestid: 20 minutter.**

**Tilberedningstid: 5 timer.**

**Portioner: 8**

**Sværhedsgrad: gennemsnitlig**

**Ingredienser:**

- 2 spsk olivenolie
- Salt og peber
- 3 pund udbenet roastbeef, bundet
- 4 mellemstore gulerødder, skrællede
- 2 pastinakker, skrællet og skåret i halve
- 2 hvide majroer, skrællet og delt i kvarte
- 10 fed hvidløg, pillede
- 2 kviste frisk timian
- 1 appelsin, vasket og revet
- 1 kop kylling eller oksebouillon

**Adresser:**

Varm en stor stegepande op over medium-høj varme. Gnid oksestegen med olivenolie, og krydr derefter med salt og peber. Når panden er varm tilsættes oksestegen og brunes på alle sider. Dette vil tage omkring 3 minutter på hver side, men denne proces forsegler saften og gør kødet saftigt.

Når den er tilberedt, læg den i slowcookeren. Bland gulerødder, pastinak, majroer og hvidløg i gryden. Rør og kog i cirka 5 minutter, ikke hele vejen igennem, bare for at få nogle af de brune stykker ud af oksekødet og give det lidt farve.

Overfør grøntsagerne til slow cookeren, og læg dem rundt om kødet. Top stegen med timian og appelsinskal. Skær appelsinen i halve og pres saften over kødet. Tilsæt hønsebouillon, og lad stegen simre i 5 timer.

**Ernæring (pr. 100 g):** 426 Kalorier 12,8 g Fedt 10 g Kulhydrater 48,8 g Protein 822 mg Natrium

# Middelhavsris og pølse

**Forberedelsestid: 15 minutter.**

**Tilberedningstid: 8 timer.**

**Portioner: 6**

**Sværhedsgrad: gennemsnitlig**

**Ingredienser:**

- 1½ pund italiensk pølse, smuldret
- 1 mellemstor løg hakket
- 2 spsk bøfsauce
- 2 kopper langkornet ris, ukogte
- 1 dåse (14 ounce) tomater i tern med juice
- ½ kop vand
- 1 mellemstor grøn peberfrugt, skåret i tern

**Adresser:**

Spray din slow cooker med olivenolie eller nonstick-spray. Tilføj pølse, løg og bøf sauce til slow cooker. Lad stå ved svag varme i 8 til 10 timer.

Efter 8 timer tilsættes ris, tomater, vand og grøn peber. Rør for at kombinere godt. Kog yderligere 20 til 25 minutter.

**Ernæring (pr. 100 g):** 650 Kalorier 36 g Fedt 11 g Kulhydrater 22 g Protein 633 mg Natrium

# Spanske frikadeller

**Forberedelsestid:** 20 minutter.

**Tilberedningstid:** 5 timer.

**Portioner:** 6

**Sværhedsgrad:** Hårdt

## Ingredienser:

- 1 pund malet kalkun
- 1 pund hakket svinekød
- 2 æg
- 1 dåse (20 ounce) tomater i tern
- ¾ kop hakket sødt løg, delt
- ¼ kop plus 1 spsk brødkrummer
- 3 spsk hakket frisk persille
- 1½ tsk spidskommen
- 1½ tsk paprika (sød eller varm)

**Adresser:**

Spray slow cooker med olivenolie.

Rør hakkebøffer, æg, cirka halvdelen af løgene, brødkrummer og krydderier i en skål.

Vask dine hænder og bland indtil alt er godt blandet. Du skal dog ikke blande for meget, da det gør frikadellerne seje. Form frikadeller. Størrelsen du laver dem vil naturligvis bestemme den samlede mængde frikadeller du får.

I en stegepande koges 2 spsk olivenolie over medium varme. Når de er varme, smides frikadellerne og brunes på alle sider. Sørg for, at kuglerne ikke rører hinanden, så de brunes jævnt. Når de er færdige, overfør dem til slow cookeren.

Tilsæt resten af løgene og tomaterne til gryden og lad dem stege i et par minutter, og skrab eventuelle brune stykker op fra frikadellerne for smag. Flyt tomaterne over frikadellerne i slowcookeren og steg ved lav temperatur i 5 timer.

**Ernæring (pr. 100 g):** 372 Kalorier 21,7 g Fedt 15 g Kulhydrater 28,6 Protein 772 mg Natrium

# Blomkålssteaks med oliven- og citrussauce

**Forberedelsestid: 15 minutter.**

**Tid til at lave mad**: 30 minutter

**Portioner: 4**

**Sværhedsgrad: gennemsnitlig**

**Ingredienser:**

- 1 eller 2 stort hoved blomkål
- 1/3 kop ekstra jomfru olivenolie
- ¼ tsk kosher salt
- 1/8 tsk stødt sort peber
- Saft af 1 appelsin
- Skal af 1 appelsin
- ¼ kop sorte oliven, udstenede og hakkede
- 1 spsk dijon- eller kornet sennep
- 1 spsk rødvinseddike
- ½ tsk stødt koriander

**Adresser:**

Forvarm ovnen til 400 ° F. Læg bagepapir eller aluminiumsfolie på bagepladen. Skær stilken af blomkålen, så den sidder oprejst. Skær den lodret i fire tykke plader. Læg blomkålen på den forberedte bageplade. Dryp med olivenolie, salt og sort peber. Bages i cirka 30 minutter.

I en mellemstor skål røres appelsinjuice, appelsinskal, oliven, sennep, eddike og koriander sammen; bland godt. Server med saucen.

**Ernæring (pr. 100 g):** 265 Kalorier 21 g Fedt 4 g Kulhydrater 5 g Protein 693 mg Natrium

# Pistacie og mynte pesto pasta

**Forberedelsestid: 10 minutter.**

**Tid til at lave mad**: 10 minutter

**Portioner: 4**

**Sværhedsgrad: gennemsnitlig**

## Ingredienser:

- 8 ounce fuldkornspasta
- 1 kop frisk mynte
- ½ kop frisk basilikum
- 1/3 kop usaltede pistacienødder, afskallede
- 1 fed pillet hvidløg
- ½ tsk kosher salt
- Saft af ½ lime
- 1/3 kop ekstra jomfru olivenolie

**Adresser:**

Kog pastaen efter pakkens anvisning. Dræn, gem ½ kop pastavand, og stil til side. Tilsæt mynte, basilikum, pistacienødder, hvidløg, salt og limesaft i en foodprocessor. Behandl indtil pistacienødderne er fintmalede. Tilsæt olivenolien i en langsom, jævn strøm og bearbejd indtil den er inkorporeret.

Tilsæt pastaen med pistaciepestoen i en stor skål. Hvis du ønsker en tyndere, mere saftig konsistens, tilsæt lidt af det reserverede pastavand og bland godt.

**Ernæring (pr. 100 g):** 420 kalorier 3 g fedt 2 g kulhydrater 11 g protein 593 mg natrium

# Cherry tomatsauce med englehårpasta

**Forberedelsestid: 10 minutter.**

**Tid til at lave mad**: 20 minutter

**Portioner: 4**

**Sværhedsgrad: gennemsnitlig**

## Ingredienser:

- 8 ounce englehårpasta
- 2 spsk ekstra jomfru olivenolie
- 3 fed hvidløg, hakket
- 3 pints cherrytomater
- ½ tsk kosher salt
- ¼ tsk rød peberflager
- ¾ kop frisk basilikum, hakket
- 1 spsk hvid balsamicoeddike (valgfrit)
- ¼ kop revet parmesanost (valgfrit)

**Adresser:**

Kog pastaen efter pakkens anvisning. Dræn og reserver.

Kog olivenolien i en stegepande eller stor stegepande over medium-høj varme. Tilsæt hvidløg og svits i 30 sekunder. Tilsæt tomater, salt og rød peberflager og kog under omrøring af og til, indtil tomaterne brister, cirka 15 minutter.

Fjern fra varmen og tilsæt pasta og basilikum. Bland godt. (For tomater uden for sæsonen, tilsæt eddike, hvis det ønskes, og bland godt.) Tjene.

**Ernæring (pr. 100 g):** 305 Kalorier 8 g Fedt 3 g Kulhydrater 11 g Protein 559 mg Natrium

# Bagt tofu med soltørrede tomater og artiskokker

**Forberedelsestid: 30 minutter.**

**Tid til at lave mad**: 30 minutter

**Portioner: 4**

**Sværhedsgrad: gennemsnitlig**

**Ingredienser:**

- 1 pakke (16 ounce) ekstra fast tofu, skåret i 1-tommers terninger
- 2 spsk ekstra jomfru olivenolie, delt
- 2 spsk citronsaft, delt
- 1 spsk sojasovs med lavt natriumindhold
- 1 løg skåret i tern
- ½ tsk kosher salt
- 2 fed hvidløg, hakket
- 1 dåse (14 ounce) artiskokhjerter, drænet
- 8 tørrede tomater
- ¼ tsk friskkværnet sort peber
- 1 spsk hvidvinseddike
- Skal af 1 citron
- ¼ kop hakket frisk persille

**Adresser:**

Forbered ovnen til 400 ° F. Placer aluminiumsfolien eller pergamentet på bagepladen. I en skål kombineres tofu, 1 spsk olivenolie, 1 spsk citronsaft og sojasovs. Lad sidde og marinere i 15 til 30 minutter. Læg tofuen i et enkelt lag på den forberedte bageplade og bag i 20 minutter, vend én gang, indtil den er let brunet.

Kog den resterende 1 spsk olivenolie i en stor stegepande eller sauter over medium varme. Tilsæt løg og salt; sauter indtil de er gennemsigtige, 5 til 6 minutter. Tilsæt hvidløg og svits i 30 sekunder. Tilsæt derefter artiskokhjerter, soltørrede tomater og sort peber og sauter i 5 minutter. Tilsæt hvidvinseddike og den resterende spiseskefuld citronsaft og afglasér panden, og skrab eventuelle brune stykker op. Tag gryden af varmen og tilsæt citronskal og persille. Bland forsigtigt den bagte tofu i.

**Ernæring (pr. 100 g):** 230 Kalorier 14 g Fedt 5 g Kulhydrater 14 g Protein 593 mg Natrium

# Bagt middelhavstempeh med tomater og hvidløg

**Forberedelsestid**: 25 minutter, plus 4 timer at marinere

**Tid til at lave mad**: 35 minutter

**Portioner: 4**

**Sværhedsgrad: Hårdt**

**Ingredienser:**

- <u>Til tempeh</u>
- 12 ounce tempeh
- ¼ kop hvidvin
- 2 spsk ekstra jomfru olivenolie
- 2 spsk citronsaft
- Skal af 1 citron
- ¼ tsk kosher salt
- ¼ tsk friskkværnet sort peber
- <u>Til tomat- og hvidløgssaucen</u>
- 1 spsk ekstra jomfru olivenolie
- 1 løg skåret i tern
- 3 fed hvidløg, hakket
- 1 dåse (14,5 ounce) knuste tomater uden tilsat salt
- 1 oksekødstomat, skåret i tern
- 1 tørret laurbærblad
- 1 tsk hvidvinseddike

- 1 tsk citronsaft.
- 1 tsk tørret oregano
- 1 tsk tørret timian
- ¾ tsk kosher salt
- ¼ kop basilikum, skåret i strimler

**Adresser:**

At lave tempeh

Placer tempeh i en mellemstor gryde. Fyld nok vand på til at dække det med 1 til 2 tommer. Bring i kog over medium-høj varme, læg låg på, og sænk varmen for at simre. Kog i 10 til 15 minutter. Fjern tempeh, dup tør, lad afkøle og skær i 1-tommers terninger.

Bland hvidvin, olivenolie, citronsaft, citronskal, salt og sort peber. Tilsæt tempeh, dæk skålen, sæt i køleskabet i 4 timer eller natten over. Forvarm ovnen til 375 ° F. Placer den marinerede tempeh og marinade i en ovnfast fad og kog i 15 minutter.

For at lave tomat- og hvidløgssaucen

Kog olivenolien i en stor stegepande ved middel varme. Tilsæt løget og sauter indtil det er gennemsigtigt, 3 til 5 minutter. Tilsæt hvidløg og svits i 30 sekunder. Tilsæt de knuste tomater, oksetomat, laurbærblad, eddike, citronsaft, oregano, timian og salt. Bland godt. Lad det simre i 15 minutter.

Tilsæt den bagte tempeh til tomatblandingen og bland forsigtigt. Pynt med basilikum.

ERSTATNINGSTIP: Hvis du ikke har tempeh eller bare vil fremskynde tilberedningsprocessen, kan du bytte en 14,5 ounce dåse marinebønner ud med tempeh. Skyl bønnerne og kom dem i saucen med de knuste tomater. Det er stadig en fantastisk vegansk hovedret på den halve tid!

**Ernæring (pr. 100 g):** 330 Kalorier 20 g Fedt 4 g Kulhydrater 18 g Protein 693 mg Natrium

# Ristede Portobello-svampe med grønkål og rødløg

**Forberedelsestid: 30 minutter.**

**Tid til at lave mad**: 30 minutter

**Portioner: 4**

**Sværhedsgrad: Hårdt**

**Ingredienser:**

- ¼ kop hvidvinseddike
- 3 spsk ekstra jomfru olivenolie, delt
- ½ tsk honning
- ¾ tsk kosher salt, delt
- ¼ tsk friskkværnet sort peber
- 4 store portobellosvampe, stilke fjernet
- 1 rødløg, skåret i julienne strimler
- 2 fed hvidløg, hakket
- 1 bundt (8 ounce) grønkål, stilket og finthakket
- ¼ tsk rød peberflager
- ¼ kop revet parmesanost eller romano

**Adresser:**

Læg bagepapir eller alufolie på bagepladen. I en mellemstor skål piskes eddike, 1 ½ spsk olivenolie, honning, ¼ tsk salt og sort peber sammen. Læg svampene på bagepladen og hæld marinaden over dem. Mariner i 15 til 30 minutter.

I mellemtiden forvarm ovnen til 400 ° F. Bag svampe i 20 minutter, vend halvvejs igennem. Opvarm de resterende 1½ spsk olivenolie i en stor stegepande eller sauterpande over medium-høj varme. Tilsæt løg og den resterende ½ tsk salt og sauter indtil de er gyldne, 5 til 6 minutter. Tilsæt hvidløg og svits i 30 sekunder. Bland grønkål og rød peberflager i og sauter indtil grønkålen er kogt, ca. 5 minutter.

Tag svampene ud af ovnen og skru op for stegetemperaturen. Hæld forsigtigt væske fra bageplade i stegepande med grønkålsblanding; bland godt. Vend svampene, så stilksiden vender opad. Hæld lidt af grønkålsblandingen oven på hver svamp. Drys 1 spsk parmesanost på toppen af hver. Steg til de er gyldenbrune.

**Ernæring (pr. 100 g):** 200 Kalorier 13g Fedt 4g Kulhydrater 8g Protein

# Balsamicomarineret tofu med basilikum og oregano

**Forberedelsestid: 40 minutter.**

**Tid til at lave mad**: 30 minutter

**Portioner: 4**

**Sværhedsgrad: gennemsnitlig**

**Ingredienser:**

- ¼ kop ekstra jomfru olivenolie
- ¼ kop balsamicoeddike
- 2 spiseskefulde sojasovs med lavt natriumindhold
- 3 fed hvidløg, revet
- 2 tsk ren ahornsirup
- Skal af 1 citron
- 1 tsk tørret basilikum
- 1 tsk tørret oregano
- ½ tsk tørret timian
- ½ tsk tørret salvie
- ¼ tsk kosher salt
- ¼ tsk friskkværnet sort peber
- ¼ tsk rød peberflager (valgfrit)
- 1 blok (16 ounce) ekstra fast tofu

**Adresser:**

Pisk olivenolie, eddike, sojasauce, hvidløg, ahornsirup, citronskal, basilikum, oregano, timian, salvie, salt, sort peber og flager af rød peber sammen i en skål eller gallonstørrelse. . Tilsæt tofuen og bland forsigtigt. Stil i køleskabet og mariner i 30 minutter, eller op til natten over, hvis det ønskes.

Forbered ovnen til 425 ° F. Læg bagepapir eller aluminiumsfolie på bagepladen. Læg den marinerede tofu i et enkelt lag på den forberedte bageplade. Bages i 20 til 30 minutter, vend halvvejs igennem, indtil de er let sprøde.

**Ernæring (pr. 100 g):**225 Kalorier 16 g Fedt 2 g Kulhydrater 13 g Protein 493 mg Natrium

# Zucchini fyldt med ricotta, basilikum og pistacie

**Forberedelsestid:** 15 minutter.

**Tid til at lave mad:** 25 minutter

**Portioner:** 4

**Sværhedsgrad:** gennemsnitlig

**Ingredienser:**

- 2 mellemstore zucchini, skåret i halve på langs
- 1 spsk ekstra jomfru olivenolie
- 1 løg skåret i tern
- 1 tsk kosher salt
- 2 fed hvidløg, hakket
- ¾ kop ricottaost
- ¼ kop usaltede pistacienødder, skrællet og hakket
- ¼ kop hakket frisk basilikum
- 1 stort æg, pisket
- ¼ tsk friskkværnet sort peber

**Adresser:**

Forbered ovnen til 425 ° F. Læg bagepapir eller aluminiumsfolie på bagepladen. Fjern frøene/kødet fra zucchinien, efterlad ¼ tomme kød rundt om kanterne. Læg frugtkødet på et skærebræt og skær frugtkødet.

Kog olivenolien i en stegepande ved middel varme. Tilsæt løg, frugtkød og salt og svits i cirka 5 minutter. Tilsæt hvidløg og svits i 30 sekunder. Bland ricottaost, pistacienødder, basilikum, æg og sort peber. Tilsæt løgblandingen og bland godt.

Læg de 4 squashhalvdele på den forberedte bageplade. Fordel zucchinihalvdelene med ricottablandingen. Bages til de er gyldenbrune.

**Ernæring (pr. 100 g):** 200 Kalorier 12 g Fedt 3 g Kulhydrater 11 g Protein 836 mg Natrium

# Farro med ristede tomater og svampe

**Forberedelsestid: 20 minutter.**

**Tilberedningstid: 1 time.**

**Portioner: 4**

**Sværhedsgrad: Hårdt**

**Ingredienser:**

- til tomaterne
- 2 pints cherrytomater
- 1 tsk ekstra jomfru olivenolie
- ¼ tsk kosher salt
- Til Farro
- 3 til 4 kopper vand
- ½ kop farro
- ¼ tsk kosher salt
- Til svampene
- 2 spsk ekstra jomfru olivenolie
- 1 løg julieneret
- ½ tsk kosher salt
- ¼ tsk friskkværnet sort peber
- 10 ounce små svampe, stilkede og skåret i tynde skiver
- ½ kop grøntsagsbouillon uden tilsat salt
- 1 dåse (15 ounce) cannellinibønner med lavt natriumindhold, drænet og skyllet
- 1 kop babyspinat

- 2 spsk frisk basilikum, skåret i strimler
- ¼ kop ristede pinjekerner
- Lagret balsamicoeddike (valgfrit)

**Adresser:**

At lave tomaterne

Forvarm ovnen til 400 ° F. Læg bagepapir eller aluminiumsfolie på bagepladen. Smid tomater, olivenolie og salt på bagepladen og steg i 30 minutter.

At lave farroen

Bring vand, farro og salt i kog i en mellemstor gryde eller gryde ved høj varme. Bring det i kog og kog i 30 minutter, eller indtil farro er al dente. Dræn og reserver.

At lave svampene

Kog olivenolien i en stor stegepande eller sauter ved middel-lav varme. Tilsæt løg, salt og sort peber og sauter indtil de er gyldenbrune og begynder at karamellisere, cirka 15 minutter. Tilsæt svampene, skru op for varmen til medium og sauter indtil væsken er fordampet og svampene brunet, cirka 10 minutter. Tilsæt grøntsagsbouillonen og afglasér panden, skrab eventuelle brune stykker op, og reducer væsken i cirka 5 minutter. Tilsæt bønner og varm op, cirka 3 minutter.

Fjern og tilsæt spinat, basilikum, pinjekerner, ristede tomater og farro. Dryp eventuelt med balsamicoeddike.

**Ernæring (pr. 100 g):** 375 Kalorier 15 g Fedt 10 g Kulhydrater 14 g Protein 769 mg Natrium

# Bagt orzo med aubergine, chard og mozzarella

**Forberedelsestid: 20 minutter.**

**Tid til at lave mad**: 60 minutter

**Portioner: 4**

**Sværhedsgrad: gennemsnitlig**

**Ingredienser:**

- 2 spsk ekstra jomfru olivenolie
- 1 stor aubergine (1 pund), skåret i små tern
- 2 gulerødder, skrællet og skåret i små tern
- 2 stilke selleri, skåret i små tern
- 1 løg skåret i små tern
- ½ tsk kosher salt
- 3 fed hvidløg, hakket
- ¼ tsk friskkværnet sort peber
- 1 kop fuldkornsorzo
- 1 tsk tomatpure uden tilsat salt
- 1½ dl grøntsagsbouillon uden tilsat salt
- 1 kop mangold, stilket og hakket småt
- 2 spsk hakket frisk oregano
- Skal af 1 citron
- 4 ounce mozzarellaost, skåret i små tern
- ¼ kop revet parmesanost
- 2 tomater, skåret ½ tomme tykke

**Adresser:**

Forvarm ovnen til 400 ° F. Tilbered olivenolien i en stor ovnsikker stegepande over medium varme. Tilsæt aubergine, gulerødder, selleri, løg og salt og sauter i cirka 10 minutter. Tilsæt hvidløg og sort peber og svits i cirka 30 sekunder. Tilsæt orzo og tomatpure og sauter i 1 minut. Bland grøntsagsbouillonen i og afglasér panden, og skrab eventuelle brune stykker op. Tilsæt mangold, oregano og citronskal og rør, indtil mangolden visner.

Tag ud og tilsæt mozzarellaosten. Glat toppen af orzoblandingen, indtil den er flad. Drys parmesanosten ovenpå. Fordel tomaterne i et enkelt lag over parmesanosten. Bages i 45 minutter.

**Ernæring (pr. 100 g):** 470 Kalorier 17 g Fedt 7 g Kulhydrater 18 g Protein 769 mg Natrium

# Bygrisotto med tomater

**Forberedelsestid: 20 minutter.**

**Tid til at lave mad**: 45 minutter

**Portioner: 4**

**Sværhedsgrad: gennemsnitlig**

**Ingredienser:**

- 2 spsk ekstra jomfru olivenolie
- 2 stilke selleri i tern
- ½ kop skalotteløg, i tern
- 4 fed hvidløg, hakket
- 3 dl grøntsagsbouillon uden tilsat salt
- 1 dåse (14,5 ounce) tomater i tern uden tilsat salt
- 1 dåse (14,5 ounce) knuste tomater uden tilsat salt
- 1 kop perlebyg
- Skal af 1 citron
- 1 tsk kosher salt
- ½ tsk røget paprika
- ¼ tsk rød peberflager
- ¼ tsk friskkværnet sort peber
- 4 kviste timian
- 1 tørret laurbærblad
- 2 kopper babyspinat
- ½ kop smuldret fetaost
- 1 spsk hakket frisk oregano

- 1 spsk ristede fennikelfrø (valgfrit)

**Adresser:**

Kog olivenolien i en stor gryde ved middel varme. Tilsæt selleri og skalotteløg og sauter, cirka 4 til 5 minutter. Tilsæt hvidløg og svits i 30 sekunder. Tilsæt grøntsagsbouillon, hakkede tomater, knuste tomater, byg, citronskal, salt, paprika, rød peberflager, sort peber, timian og laurbærblad og bland det godt sammen. Bring det i kog, sænk derefter varmen til et simre og lad det simre. Kog, under omrøring af og til, i 40 minutter.

Fjern laurbærbladet og timiankvistene. Tilsæt spinaten. Kombiner fetaost, oregano og fennikelfrø i en lille skål. Server bygrisottoen i skåle toppet med fetablandingen.

**Ernæring (pr. 100 g):** 375 Kalorier 12 g Fedt 13 g Kulhydrater 11 g Protein 799 mg Natrium

## Kikærter og grønkål med spicy pomodoro sauce

**Forberedelsestid: 10 minutter.**

**Tid til at lave mad**: 35 minutter

**Portioner: 4**

**Sværhedsgrad: Let**

**Ingredienser:**

- 2 spsk ekstra jomfru olivenolie
- 4 fed hvidløg, skåret i skiver
- 1 tsk rød peberflager
- 1 dåse (28 ounce) knuste tomater uden tilsat salt
- 1 tsk kosher salt
- ½ tsk honning
- 1 bundt grønkål, stilket og hakket
- 2 dåser (15 ounce) kikærter med lavt natriumindhold, drænet og skyllet
- ¼ kop hakket frisk basilikum
- ¼ kop revet Pecorino Romano ost

**Adresser:**

Kog olivenolien i en stegepande ved middel varme. Tilsæt hvidløg og rød peberflager og svits indtil hvidløget er let brunet, cirka 2 minutter. Tilsæt tomater, salt og honning og bland godt. Reducer varmen til lav og lad det simre i 20 minutter.

Tilsæt grønkålen og bland godt. Kog ca. 5 minutter. Tilsæt kikærterne og lad det simre i cirka 5 minutter. Fjern fra varmen og tilsæt basilikum. Server toppet med pecorino ost.

**Ernæring (pr. 100 g):** 420 Kalorier 13 g Fedt 12 g Kulhydrater 20 g Protein 882 mg Natrium

# Brændt feta med grønkål og citronyoghurt

**Forberedelsestid: 15 minutter.**

**Tid til at lave mad**: 20 minutter

**Portioner: 4**

**Sværhedsgrad: gennemsnitlig**

### Ingredienser:

- 1 spsk ekstra jomfru olivenolie
- 1 løg julieneret
- ¼ tsk kosher salt
- 1 tsk stødt gurkemeje
- ½ tsk stødt spidskommen
- ½ tsk stødt koriander
- ¼ tsk friskkværnet sort peber
- 1 bundt grønkål, stilket og hakket
- 7-ounce blok fetaost, skåret i ¼-tommer tykke skiver
- ½ kop almindelig græsk yoghurt
- 1 spsk citronsaft

### Adresser:

Forvarm ovnen til 400 ° F. Steg olivenolien i en stor ovnfast stegepande eller stegepande over medium varme. Tilsæt løg og salt; sauter indtil let brunet, cirka 5 minutter. Tilsæt gurkemeje, spidskommen, koriander og sort peber; sauter i 30 sekunder.

Tilsæt grønkålen og svits i cirka 2 minutter. Tilsæt ½ kop vand og fortsæt med at koge grønkål, cirka 3 minutter.

Tag fra varmen og læg fetaostskiverne ovenpå grønkålsblandingen. Sæt i ovnen og bag indtil fetaen er blød, 10 til 12 minutter. I en lille skål kombineres yoghurt og citronsaft. Server grønkål og feta toppet med citronyoghurten.

**Ernæring (pr. 100 g):** 210 Kalorier 14 g Fedt 2 g Kulhydrater 11 g Protein 836 mg Natrium

# Ristede aubergine og kikærter med tomatsauce

**Forberedelsestid: 15 minutter.**

**Tid til at lave mad**: 60 minutter

**Portioner: 4**

**Sværhedsgrad: Hårdt**

**Ingredienser:**

- Olivenolie spray til madlavning
- 1 stor aubergine (ca. 1 pund), skåret i ¼ tomme tykke skiver
- 1 tsk kosher salt, delt
- 1 spsk ekstra jomfru olivenolie
- 3 fed hvidløg, hakket
- 1 dåse (28 ounce) knuste tomater uden tilsat salt
- ½ tsk honning
- ¼ tsk friskkværnet sort peber
- 2 spsk hakket frisk basilikum
- 1 dåse (15 ounce) usaltede eller natriumfattige kikærter, drænet og skyllet
- ¾ kop smuldret fetaost
- 1 spsk hakket frisk oregano

**Adresser:**

Forvarm ovnen til 425 ° F. Smør og beklæd to bageplader med aluminiumsfolie og spray let med olivenolie-spray. Fordel auberginen i et enkelt lag og drys med ½ tsk salt. Bag i 20 minutter, vend en gang halvvejs igennem, indtil de er let gylden.

Varm imens olivenolien op i en stor gryde ved middel varme. Tilsæt hvidløg og svits i 30 sekunder. Tilsæt knuste tomater, honning, resterende ½ tsk salt og sort peber. Lad det simre i cirka 20 minutter, indtil saucen reduceres lidt og tykner. Tilsæt basilikum.

Efter at have fjernet auberginen fra ovnen, sænk ovntemperaturen til 375 ° F. I en stor rektangulær eller oval bageform hældes kikærterne og 1 kop sauce. Arranger aubergineskiverne ovenpå, overlappende efter behov for at dække kikærterne. Hæld resten af saucen over auberginen. Drys fetaost og oregano ovenpå.

Pak bageformen ind med alufolie og bag i 15 minutter. Fjern aluminiumsfolien og bag i 15 minutter mere.

**Ernæring (pr. 100 g):** 320 Kalorier 11 g Fedt 12 g Kulhydrater 14 g Protein 773 mg Natrium

# Bagte Falafel Sliders

**Forberedelsestid: 10 minutter.**

**Tid til at lave mad**: 30 minutter

**Portioner: 6**

**Sværhedsgrad: gennemsnitlig**

**Ingredienser:**

- Olivenolie spray til madlavning
- 1 dåse (15 ounce) kikærter med lavt natriumindhold, drænet og skyllet
- 1 hakket løg
- 2 fed hvidløg, pillede
- 2 spsk hakket frisk persille
- 2 spsk fuldkornshvedemel
- ½ tsk stødt koriander
- ½ tsk stødt spidskommen
- ½ tsk bagepulver
- ½ tsk kosher salt
- ¼ tsk friskkværnet sort peber

**Adresser:**

Forvarm ovnen til 350 ° F. Læg bagepapir eller aluminiumsfolie ud og sprøjt let med olivenolie madlavningsspray på bagepladen.

I en foodprocessor blendes kikærter, løg, hvidløg, persille, mel, koriander, spidskommen, bagepulver, salt og sort peber. Blend indtil glat.

Lav 6 skyderkaffer, hver med en dynger ¼ kop blanding, og læg på den forberedte bageplade. Bages i 30 minutter. Deltage.

**Ernæring (pr. 100 g):** 90 kalorier 1 g Fedt 3 g Kulhydrater 4 g Protein 803 mg Natrium

## Portobello Caprese

**Forberedelsestid: 15 minutter.**

**Tid til at lave mad**: 30 minutter

**Portioner: 2**

**Sværhedsgrad: Hårdt**

### Ingredienser:

- 1 spsk olivenolie
- 1 kop cherrytomater
- Salt og sort peber efter smag
- 4 store friske basilikumblade, skåret i tynde skiver, delt
- 3 mellemstore fed hvidløg, hakket
- 2 store portobellosvampe, stilke fjernet
- 4 stykker mini mozzarella kugler
- 1 spsk revet parmesanost

**Adresser:**

Forbered ovnen til 350°F (180ºC). Smør en bageplade med olivenolie. Dryp 1 spsk olivenolie i en nonstick-gryde og opvarm over medium-høj varme. Kom tomaterne i gryden og drys med salt og sort peber for at krydre. Prik et par huller i tomaterne for at trække saften ud under tilberedningen. Tildæk og kog tomaterne i 10 minutter eller indtil de er møre.

Reserver 2 teskefulde basilikum og tilsæt resterende basilikum og hvidløg til panden. Mos tomaterne med en spatel, og kog derefter i et halvt minut. Rør konstant under tilberedningen. Sæt til side. Læg svampene i et ovnfad med låget nedad, og drys med salt og sort peber efter smag.

Hæld tomatblandingen og mozzarellakuglerne på svampegællerne, og drys derefter med parmesanost for at dække godt. Bag indtil svampene er gaffelmøre og ostene er gyldenbrune. Tag de fyldte svampe ud af ovnen og server med basilikum på toppen.

**Ernæring (pr. 100 g):** 285 Kalorier 21,8 g Fedt 2,1 g Kulhydrater 14,3 g Protein 823 mg Natrium

## Tomater fyldt med svampe og ost

**Forberedelsestid: 15 minutter.**

**Tid til at lave mad**: 20 minutter

**Portioner: 4**

**Sværhedsgrad: gennemsnitlig**

### Ingredienser:

- 4 store modne tomater
- 1 spsk olivenolie
- ½ pund (454 g) hvide eller cremini-svampe, skåret i skiver
- 1 spsk hakket frisk basilikum
- ½ kop gult løg i tern
- 1 spsk hakket frisk oregano
- 2 fed hvidløg, hakket
- ½ tsk salt
- ¼ tsk friskkværnet sort peber
- 1 kop halvskummet mozzarellaost, revet
- 1 spsk revet parmesanost

### Adresser:

Forbered ovnen til 375°F (190ºC). Skær en ½-tommer skive fra toppen af hver tomat. Læg frugtkødet i en skål og lad ½-tommer tomatskræller stå. Læg tomaterne på en bageplade beklædt med alufolie. Opvarm olivenolien i en nonstick-gryde ved middel varme.

Tilsæt svampe, basilikum, løg, oregano, hvidløg, salt og sort peber på panden og sauter i 5 minutter.

Hæld blandingen i skålen med tomatpulp, tilsæt derefter mozzarellaosten og rør for at blande godt. Hæld blandingen i hver tomatskræl, og top med et lag parmesan. Bag i den forvarmede ovn i 15 minutter eller indtil osten bobler og tomaterne er bløde. Tag de fyldte tomater ud af ovnen og server dem lune.

**Ernæring (pr. 100 g):** 254 Kalorier 14,7 g Fedt 5,2 g Kulhydrater 17,5 g Protein 783 mg Natrium

# Tabuler

**Forberedelsestid: 15 minutter.**

**Tid til at lave mad**: 5 minutter

**Portioner: 6**

**Sværhedsgrad: gennemsnitlig**

## Ingredienser:

- 4 spsk olivenolie, delt
- 4 kopper riset blomkål
- 3 fed hvidløg finthakket
- Salt og sort peber efter smag
- ½ stor agurk, skrællet, kernet og hakket
- ½ kop hakket italiensk persille
- Saft af 1 citron
- 2 spsk hakket rødløg
- ½ kop hakkede mynteblade
- ½ kop udstenede Kalamata-oliven, hakket
- 1 kop cherrytomater, skåret i kvarte
- 2 kopper baby rucola eller spinatblade
- 2 mellemstore avocadoer, skrællet, udstenet og skåret i tern

## Adresser:

Opvarm 2 spsk olivenolie i en nonstick-gryde over medium-høj varme. Tilsæt risede blomkål, hvidløg, salt og sort peber på panden og svits i 3 minutter eller indtil dufter. Overfør dem til en stor skål.

Tilsæt agurk, persille, citronsaft, rødløg, mynte, oliven og den resterende olivenolie til skålen. Bland det godt sammen. Stil skålen i køleskabet i mindst 30 minutter.

Tag skålen ud af køleskabet. Tilsæt cherrytomater, rucola og avocado til skålen. Krydr godt og rør rundt, så det bliver godt blandet. Serveres koldt.

**Ernæring (pr. 100 g):** 198 Kalorier 17,5 g Fedt 6,2 g Kulhydrater 4,2 g Protein 773 mg Natrium

# Krydret Broccoli Rabe og Koglehjerter

**Forberedelsestid:** 5 minutter.

**Tid til at lave mad:** 15 minutter

**Portioner:** 4

**Sværhedsgrad: gennemsnitlig**

## Ingredienser:

- 3 spsk olivenolie, delt
- 2 pund (907 g) frisk broccoli rabe
- 3 fed hvidløg finthakket
- 1 tsk rød peberflager
- 1 tsk salt, plus mere efter smag
- 13,5 ounce (383 g) artiskokhjerter
- 1 spsk vand
- 2 spsk rødvinseddike
- Friskkværnet sort peber efter smag

**Adresser:**

Opvarm 2 spsk olivenolie i en nonstick-gryde over en medium-høj stegepande. Tilsæt broccoli, hvidløg, rød peberflager og salt til gryden og sauter i 5 minutter, eller indtil broccolien er blød.

Læg artiskokhjerterne i gryden og svits i 2 minutter mere eller indtil de er møre. Tilsæt vand til gryden og sænk varmen til lav. Læg låg på og lad det simre i 5 minutter. Imens kombineres eddike og 1 spsk olivenolie i en skål.

Dryp den kogte broccoli og artiskokker med olieret eddike og drys med salt og sort peber. Rør godt sammen før servering.

**Ernæring (pr. 100 g):** 272 Kalorier 21,5 g Fedt 9,8 g Kulhydrater 11,2 g Protein 736 mg Natrium

# Shakshuka

**Forberedelsestid: 10 minutter.**

**Tid til at lave mad:** 25 minutter

**Portioner: 4**

**Sværhedsgrad: Hårdt**

## Ingredienser:

- 5 spsk olivenolie, delt
- 1 rød peberfrugt, finthakket
- ½ lille gult løg, finthakket
- 14 ounce (397 g) knuste tomater, med juice
- 6 ounce (170 g) frossen spinat, optøet og drænet for overskydende væske
- 1 tsk røget paprika
- 2 fed hvidløg finthakket
- 2 tsk rød peberflager
- 1 spsk kapers, hakket
- 1 spsk vand
- 6 store æg
- ¼ tsk friskkværnet sort peber
- ¾ kop feta- eller gedeost, smuldret
- ¼ kop frisk fladbladet persille eller koriander, hakket

**Adresser:**

Forbered ovnen ved 300ºF (150ºC). Opvarm 2 spsk olivenolie i en ovnfast gryde ved middelhøj varme. Svits peberfrugt og løg i gryden, indtil løget er gennemsigtigt og peberfrugten er blød.

Tilsæt tomater og juice, spinat, paprika, hvidløg, rød peberflager, kapers, vand og 2 spsk olivenolie til stegepanden. Bland godt og bring i kog. Skru ned for varmen, læg låget på og lad det simre i 5 minutter.

Knæk æggene over saucen, efterlad lidt mellemrum mellem hvert æg, lad ægget være intakt og drys med friskkværnet sort peber. Kog indtil æggene er færdige.

Fordel osten over æg og sauce og bag i den forvarmede ovn i 5 minutter, eller indtil osten er skummende og gylden. Dryp med de resterende 1 spsk olivenolie og drys persillen ovenpå inden servering varm.

**Ernæring (pr. 100 g):** 335 Kalorier 26,5 g Fedt 5 g Kulhydrater 16,8 g Protein 736 mg Natrium

# Spanakopita

**Forberedelsestid: 15 minutter.**

**Tid til at lave mad**: 50 minutter

**Portioner: 6**

**Sværhedsgrad: Hårdt**

## Ingredienser:

- 6 spsk olivenolie, delt
- 1 lille gult løg i tern
- 4 kopper frossen hakket spinat
- 4 fed hvidløg, hakket
- ½ tsk salt
- ½ tsk friskkværnet sort peber
- 4 store æg, pisket
- 1 kop ricotta ost
- ¾ kop fetaost, smuldret
- ¼ kop pinjekerner

**Adresser:**

Smør en bradepande med 2 spsk olivenolie. Indstil ovnen til 375 grader F. Opvarm 2 spsk olivenolie i en nonstick-gryde over medium-høj varme. Smid løget i gryden og svits i 6 minutter, eller indtil det er gennemsigtigt og mørt.

Tilsæt spinat, hvidløg, salt og sort peber til gryden og svits i 5 minutter mere. Læg dem i en skål og stil til side. Kom de sammenpiskede æg og ricottaost i en separat skål, og hæld dem derefter i skålen med spinatblandingen. Rør for at blande godt.

Hæld blandingen i bageformen og vip gryden, så blandingen dækker bunden jævnt. Bag til den begynder at sætte sig. Tag bageformen ud af ovnen og fordel feta og pinjekerner ovenpå, og dryp derefter med de resterende 2 spsk olivenolie.

Sæt bageformen tilbage i ovnen og bag i yderligere 15 minutter, eller indtil toppen er gyldenbrun. Tag fadet ud af ovnen. Lad spanakopitaen køle af i et par minutter og skær den i skiver til servering.

**Ernæring (pr. 100 g):** 340 Kalorier 27,3 g Fedt 10,1 g Kulhydrater 18,2 g Protein 781 mg Natrium

## Tagine

**Forberedelsestid: 20 minutter.**

**Tid til at lave mad:** 60 minutter

**Portioner: 6**

**Sværhedsgrad: gennemsnitlig**

### Ingredienser:

- ½ kop olivenolie
- 6 stilke selleri, skåret i ¼-tommer halvmåner
- 2 mellemstore gule løg, skåret i skiver
- 1 tsk stødt spidskommen
- ½ tsk stødt kanel
- 1 tsk ingefærpulver
- 6 fed hvidløg, hakket
- ½ tsk paprika
- 1 tsk salt
- ¼ tsk friskkværnet sort peber
- 2 kopper grøntsagsbouillon med lavt natriumindhold
- 2 mellemstore zucchini, skåret i ½ tomme tykke halvcirkler
- 2 kopper blomkål skåret i buketter
- 1 mellemstor aubergine, skåret i 1-tommers terninger
- 1 kop grønne oliven, halveret og udstenet
- 13,5 ounce (383 g) artiskokhjerter, drænet og delt i kvarte
- ½ kop hakkede friske korianderblade til dekoration
- ½ kop almindelig græsk yoghurt, til dekoration

- ½ kop hakket frisk fladbladet persille til pynt

**Adresser:**

Kog olivenolien i en gryde ved middelhøj varme. Tilsæt selleri og løg i gryden og svits i 6 minutter. Kom spidskommen, kanel, ingefær, hvidløg, paprika, salt og sort peber i gryden og svits i yderligere 2 minutter, indtil de er aromatiske.

Hæld grøntsagsbouillonen i gryden og bring det i kog. Sænk varmen til lav og tilsæt zucchini, blomkål og aubergine til bænken. Læg låg på og lad det simre i 30 minutter, eller indtil grøntsagerne er bløde. Tilsæt derefter oliven og artiskokhjerter til poolen og lad det simre i 15 minutter mere. Fyld dem i en stor serveringsskål eller tagine, og server derefter med koriander, græsk yoghurt og persille på toppen.

**Ernæring (pr. 100 g):** 312 Kalorier 21,2 g Fedt 9,2 g Kulhydrater 6,1 g Protein 813 mg Natrium

# Citrus pistacienødder og asparges

**Forberedelsestid: 10 minutter.**

**Tid til at lave mad:** 10 minutter

**Portioner: 4**

**Sværhedsgrad: Hårdt**

## Ingredienser:

- Skal og saft af 2 klementiner eller 1 appelsin
- Skal og saft af 1 citron
- 1 spsk rødvinseddike
- 3 spsk ekstra jomfru olivenolie, delt
- 1 tsk salt, delt
- ¼ tsk friskkværnet sort peber
- ½ kop afskallede pistacienødder
- 1 pund (454 g) friske asparges, hakket
- 1 spsk vand

## Adresser:

Kombiner clementin og citronskal og -saft, eddike, 2 spsk olivenolie, ½ tsk salt og sort peber. Rør for at blande godt. Sæt til side.

Rist pistacienødderne i en nonstick-gryde ved medium-høj varme i 2 minutter, eller indtil de er gyldenbrune. Overfør de ristede pistacienødder til en ren arbejdsflade og hak dem derefter groft. Bland pistacienødderne med citrusblandingen. Sæt til side.

Opvarm den resterende olivenolie i en nonstick-gryde over medium-høj varme. Kom aspargesene i gryden og sauter i 2 minutter, og smag til med det resterende salt. Tilsæt vandet til gryden. Sænk varmen til lav og læg låg på. Lad det simre i 4 minutter, indtil aspargesene er møre.

Fjern aspargesene fra gryden til en stor tallerken. Hæld citrus-pistacieblandingen over aspargesene. Vend godt rundt før servering.

**Ernæring (pr. 100 g):** 211 Kalorier 17,5 g Fedt 3,8 g Kulhydrater 5,9 g Protein 901 mg Natrium

# Aubergine fyldt med tomat og persille

**Forberedelsestid: 15 minutter.**

**Tid til at lave mad**: 2 timer og 10 minutter

**Portioner: 6**

**Sværhedsgrad: gennemsnitlig**

## Ingredienser:

- ¼ kop ekstra jomfru olivenolie
- 3 små auberginer, skåret i halve på langs
- 1 tsk havsalt
- ½ tsk friskkværnet sort peber
- 1 stort gult løg, finthakket
- 4 fed hvidløg, hakket
- 15 ounce (425 g) tomater i tern, med juice
- ¼ kop frisk fladbladet persille, finthakket

## Adresser:

Top slow cooker-indsatsen med 2 spsk olivenolie. Skær et par slidser i den afskårne side af hver auberginehalvdel, efterlad et ¼-tommers mellemrum mellem hver slids. Læg auberginehalvdelene i slow cookeren med skindsiden nedad. Drys med salt og sort peber.

Opvarm den resterende olivenolie i en nonstick-gryde over medium-høj varme. Tilsæt løg og hvidløg på panden og svits i 3 minutter, eller indtil løget er gennemsigtigt.

Tilsæt persille og tomater med saften på panden og drys med salt og sort peber. Sauter i 5 minutter mere eller indtil de er møre. Del og hæld blandingen i gryden over auberginehalvdelene.

Læg låg på slow cooker og kog på HIGH i 2 timer, indtil aubergine er blød. Overfør auberginen til en tallerken og lad den køle af et par minutter før servering.

**Ernæring (pr. 100 g):**455 Kalorier 13 g Fedt 14 g Kulhydrater 14 g Protein 719 mg Natrium

# Ratatouille

**Forberedelsestid: 15 minutter.**

**Tilberedningstid: 7 timer.**

**Portioner: 6**

**Sværhedsgrad: gennemsnitlig**

**Ingredienser:**

- 3 spsk ekstra jomfru olivenolie
- 1 stor aubergine, skrællet og skåret i skiver
- 2 store løg, skåret i skiver
- 4 små zucchini, skåret i skiver
- 2 grønne peberfrugter
- 6 store tomater, skåret i ½-tommers terninger
- 2 spsk frisk fladbladet persille, hakket
- 1 tsk tørret basilikum
- 2 fed hvidløg, hakket
- 2 tsk havsalt
- ¼ tsk friskkværnet sort peber

**Adresse:**

Fyld slow cooker-indsatsen med 2 spsk olivenolie. Læg grøntsager i skiver, revet og i skiver skiftevis i slow cooker-indsatsen. Fordel persillen over grøntsagerne og smag til med basilikum, hvidløg, salt og sort peber. Dryp med den resterende olivenolie. Luk og kog på LAV i 7 timer, indtil grøntsagerne er møre. Kom grøntsagerne over på en tallerken og server lun.

**Ernæring (pr. 100 g):** 265 Kalorier 1,7 g Fedt 13,7 g Kulhydrater 8,3 g Protein 800 mg Natrium

## Gemist

**Forberedelsestid: 15 minutter.**

**Tilberedningstid: 4 timer.**

**Portioner: 4**

**Sværhedsgrad: gennemsnitlig**

### Ingredienser:

- 2 spsk ekstra jomfru olivenolie
- 4 store peberfrugter, enhver farve
- ½ kop rå couscous
- 1 tsk oregano
- 1 fed hvidløg, hakket
- 1 kop smuldret fetaost
- 1 dåse (15 ounce/425 g) cannellinibønner, skyllet og drænet
- Salt og peber efter smag
- 1 citronskiver
- 4 grønne løg, hvide og grønne dele adskilt, i tynde skiver

**Adresse:**

Skær en ½-tommer skive under stilken fra toppen af peberfrugten. Kassér kun stilken og skær toppen i skiver under stilken, og sæt den til side i en skål. Udhul peberfrugten med en ske. Smør slowcookeren med olie.

Tilsæt resten af ingredienserne, undtagen de grønne dele af det grønne løg og citronskiverne, til skålen oven på den hakkede peberfrugt. Rør for at blande godt. Hæld blandingen i den udhulede peberfrugt og læg de fyldte peberfrugter i slowcookeren, og dryp derefter med mere olivenolie.

Luk låget til slow cooker og kog på HØJ i 4 timer, eller indtil peberfrugterne er bløde.

Fjern peberfrugterne fra slowcookeren og server på en tallerken. Drys med de grønne dele af de grønne løg og pres citronskiverne over toppen inden servering.

**Ernæring (pr. 100 g):** 246 Kalorier 9 g Fedt 6,5 g Kulhydrater 11,1 g Protein 698 mg Natrium

## Kål fyldte ruller

**Forberedelsestid:** 15 minutter.

**Tilberedningstid:** 2 timer.

**Portioner:** 4

**Sværhedsgrad:** Hårdt

### Ingredienser:

- 4 spsk olivenolie, delt
- 1 stor grønkål, udkeret
- 1 stort gult løg, hakket
- 3 ounce (85 g) fetaost, smuldret
- ½ kop tørrede ribs
- 3 kopper kogt perlebyg
- 2 spsk frisk fladbladet persille, hakket
- 2 spsk ristede pinjekerner
- ½ tsk havsalt
- ½ tsk sort peber
- 15 ounce (425 g) knuste tomater med juice
- 1 spsk æblecidereddike
- ½ kop æblejuice

### Adresser:

Pensl slow cooker-indsatsen med 2 spsk olivenolie. Blancher kålen i en gryde med vand i 8 minutter. Tag den op af vandet og stil den til side, og adskil derefter 16 blade fra kålen. Sæt til side.

Dryp den resterende olivenolie i en nonstick-gryde og varm op over medium varme. Kom løget i gryden og steg indtil løg og peber er møre. Overfør løg til en skål.

Tilsæt feta, ribs, byg, persille og pinjekerner til skålen med kogt løg, og drys derefter med ¼ tsk salt og ¼ tsk sort peber.

Læg kålbladene på en ren arbejdsflade. Placer 1/3 kop af blandingen i midten af hver tallerken, fold derefter kanten over blandingen og rul sammen. Læg kålrullerne i slowcookeren med sømsiden nedad.

Tilsæt de resterende ingredienser i en separat skål, og hæld derefter blandingen over kålrullerne. Luk låget til slowcookeren og kog på HIGH i 2 timer. Tag kålrullerne ud af slowcookeren og server dem lune.

**Ernæring (pr. 100 g):** 383 Kalorier 14,7 g Fedt 12,9 g Kulhydrater 10,7 g Protein 838 mg Natrium

## Rosenkål med balsamico glasur

**Forberedelsestid:** 15 minutter.

**Tilberedningstid:** 2 timer.

**Portioner:** 6

**Sværhedsgrad:** gennemsnitlig

**Ingredienser:**

- Balsamico glasur:
- 1 kop balsamicoeddike
- ¼ kop honning
- 2 spsk ekstra jomfru olivenolie
- 2 pund (907 g) rosenkål, trimmet og halveret
- 2 kopper grøntsagssuppe med lavt natriumindhold
- 1 tsk havsalt
- Friskkværnet sort peber efter smag
- ¼ kop revet parmesanost
- ¼ kop pinjekerner

**Adresser:**

Lav balsamicoglasuren: Kom balsamicoeddike og honning i en gryde. Rør for at blande godt. Bring i kog ved middelhøj varme. Skru ned for varmen, og lad det simre i 20 minutter, eller indtil glasuren er reduceret til det halve og har en tyk konsistens. Kom lidt olivenolie i slowcooker-indsatsen.

Kom rosenkålen, grøntsagssuppen og ½ tsk salt i slow cookeren under omrøring. Luk låget til slow cooker og kog på HIGH i 2 timer, indtil rosenkålen er blød.

Læg rosenkålene på en tallerken og drys med det resterende salt og sort peber for at krydre. Fordel balsamicoglasuren over rosenkålene, og server med parmesan og pinjekerner.

**Ernæring (pr. 100 g):** 270 Kalorier 10,6 g Fedt 6,9 g Kulhydrater 8,7 g Protein 693 mg Natrium

## Spinatsalat med citrusvinaigrette

**Forberedelsestid: 10 minutter.**

**Tid til at lave mad**: 0 minutter

**Portioner: 4**

**Sværhedsgrad: Let**

### Ingredienser:

- Citrus vinaigrette:
- ¼ kop ekstra jomfru olivenolie
- 3 spsk balsamicoeddike
- ½ tsk frisk citronskal
- ½ tsk salt
- Salat:
- 1 pund (454 g) babyspinat, vasket og opstammet
- 1 stor moden tomat, skåret i ¼-tommers stykker
- 1 mellemstor rødløg, skåret i tynde skiver

### Adresser:

Lav citrusvinaigretten: Pisk olivenolie, balsamicoeddike, citronskal og salt i en skål, indtil det er godt blandet.

Forbered salaten: læg babyspinat, tomat og løg i en separat salatskål. Top salaten med citrusvinaigretten og vend forsigtigt, indtil grøntsagerne er godt dækket.

**Ernæring (pr. 100 g):** 173 Kalorier 14,2 g Fedt 4,2 g Kulhydrater 4,1 g Protein 699 mg Natrium

# Simpel selleri og appelsinsalat

**Forberedelsestid: 15 minutter.**

**Tid til at lave mad**: 0 minutter

**Portioner: 6**

**Sværhedsgrad: Let**

**Ingredienser:**

- <u>Salat:</u>
- 3 stilke selleri, inklusive blade, skåret diagonalt i ½-tommers skiver
- ½ kop grønne oliven
- ¼ kop hakket rødløg
- 2 store appelsiner, skrællede, skåret i skiver
- <u>Bandage:</u>
- 1 spsk ekstra jomfru olivenolie
- 1 spsk citron- eller appelsinjuice
- 1 spsk olivenlage
- ¼ tsk hav- eller koshersalt
- ¼ tsk friskkværnet sort peber

**Adresser:**

Forbered salaten: Læg selleristilke, grønne oliven, løg og appelsiner i en lav skål. Bland godt og lad stå.

Forbered dressingen: Rør godt sammen olivenolie, citronsaft, olivenlage, salt og peber.

Hæld dressingen i salatskålen og vend let, indtil den er helt dækket.

Serveres koldt eller ved stuetemperatur.

**Ernæring (pr. 100 g):** 24 Kalorier 1,2 g Fedt 1,2 g Kulhydrater 1,1 g Protein 813 mg Natrium

# Stegte aubergineruller

**Forberedelsestid: 20 minutter.**

**Tid til at lave mad**: 10 minutter

**Portioner: 6**

**Sværhedsgrad: gennemsnitlig**

## Ingredienser:

- 2 store auberginer
- 1 tsk salt
- 1 kop revet ricottaost
- 4 ounce (113 g) gedeost, revet
- ¼ kop finthakket frisk basilikum
- ½ tsk friskkværnet sort peber
- olivenolie spray

## Adresser:

Kom aubergineskiverne i et dørslag og smag til med salt. Lad det hvile i 15 til 20 minutter.

Bland ricotta og gedeost, basilikum og sort peber i en stor skål og rør for at kombinere. Sæt til side. Dup aubergineskiverne tørre med køkkenrulle og sprøjt dem let med olivenoliespray.

Varm en stor stegepande op over medium varme og sprøjt den let med olivenoliespray. Læg aubergineskiverne i gryden og steg på hver side i 3 minutter, indtil de er gyldenbrune.

Fjern fra varmen til en tallerken beklædt med køkkenrulle og lad hvile i 5 minutter. Lav auberginerullerne: Læg aubergineskiverne på en flad arbejdsflade og top hver skive med en spiseskefuld af den tilberedte osteblanding. Rul dem sammen og server med det samme.

**Ernæring (pr. 100 g):** 254 Kalorier 14,9 g Fedt 7,1 g Kulhydrater 15,3 g Protein 612 mg Natrium

# Ristede grøntsager og skål med brune ris

**Forberedelsestid: 15 minutter.**

**Tid til at lave mad**: 20 minutter

**Portioner: 4**

**Sværhedsgrad: gennemsnitlig**

## Ingredienser:

- 2 kopper blomkålsbuketter
- 2 kopper broccolibuketter
- 1 dåse (15 ounce/425 g) kikærter
- 1 kop gulerodsskiver (ca. 1 tomme tykke)
- 2 til 3 spsk ekstra jomfru olivenolie, delt
- Salt og sort peber efter smag
- Non-stick sprayolie
- 2 kopper kogte brune ris
- 3 spsk sesamfrø
- Bandage:
- 3 til 4 spiseskefulde tahin
- 2 spiseskefulde honning
- Saft af 1 citron
- 1 fed hvidløg, hakket
- Salt og sort peber efter smag

## Adresser:

Forbered ovnen ved 400ºF (205ºC). Spray to bageplader med nonstick madlavningsspray.

Fordel blomkål og broccoli på den første bageplade og på den anden med kikærter og gulerodsskiver.

Dryp hvert blad med halvdelen af olivenolie og drys med salt og peber. Kast for at belægge godt.

Rist kikærter og gulerodsskiver i den forvarmede ovn i 10 minutter, og lad gulerødderne være sprøde og blomkålen og broccolien i 20 minutter, indtil de er møre. Rør en gang halvvejs i tilberedningstiden.

Imens laver du dressingen: Pisk tahin, honning, citronsaft, hvidløg, salt og peber sammen i en lille skål.

Fordel de kogte brune ris i fire skåle. Top hver skål jævnt med ristede grøntsager og dressing. Drys sesamfrø ovenpå til pynt inden servering.

**Ernæring (pr. 100 g):** 453 Kalorier 17,8 g Fedt 11,2 g Kulhydrater 12,1 g Protein 793 mg Natrium

# Blomkålshash med gulerødder

**Forberedelsestid: 10 minutter.**

**Tid til at lave mad**: 10 minutter

**Portioner: 4**

**Sværhedsgrad: Let**

**Ingredienser:**

- 3 spsk ekstra jomfru olivenolie
- 1 stort løg hakket
- 1 spsk hakket hvidløg
- 2 kopper hakkede gulerødder
- 4 kopper blomkålsbuketter
- ½ tsk stødt spidskommen
- 1 tsk salt

**Adresser:**

Kog olivenolien ved middel varme. Bland løg og hvidløg og steg i 1 minut. Tilsæt gulerødderne og sauter i 3 minutter. Tilsæt blomkålsbuketter, spidskommen og salt og bland for at kombinere.

Dæk til og kog i 3 minutter, indtil de er let brunede. Rør godt og kog uden låg i 3 til 4 minutter, indtil det er blødt. Fjern fra varmen og server varm.

**Ernæring (pr. 100 g):** 158 Kalorier 10,8 g Fedt 5,1 g Kulhydrater 3,1 g Protein 813 mg Natrium

# Zucchini tern med hvidløg og mynte

**Forberedelsestid: 5 minutter.**

**Tid til at lave mad**: 10 minutter

**Portioner: 4**

**Sværhedsgrad: Let**

**Ingredienser:**

- 3 store grønne zucchini
- 3 spsk ekstra jomfru olivenolie
- 1 stort løg hakket
- 3 fed hvidløg, hakket
- 1 tsk salt
- 1 tsk tørret mynte

**Adresser:**

Kog olivenolien i en stor stegepande ved middel varme.

Bland løg og hvidløg i og svits i 3 minutter under konstant omrøring, eller indtil de er bløde.

Tilsæt squashterninger og salt og kog i 5 minutter, eller indtil squashen er gylden og mør.

Tilsæt mynten til gryden og rør for at kombinere, og fortsæt derefter med at koge i 2 minutter. Serveres varm.

**Ernæring (pr. 100 g):** 146 Kalorier 10,6 g Fedt 3 g Kulhydrater 4,2 g Protein 789 mg Natrium

# Zucchini og Artiskok skål med Faro

**Forberedelsestid: 15 minutter.**

**Tid til at lave mad**: 10 minutter

**Portioner: 6**

**Sværhedsgrad: Let**

**Ingredienser:**

- 1/3 kop ekstra jomfru olivenolie
- 1/3 kop hakkede rødløg
- ½ kop hakket rød peber
- 2 fed hvidløg, hakket
- 1 kop zucchini, skåret i ½ tomme tykke skiver
- ½ kop groft hakkede artiskokker
- ½ kop dåse kikærter, drænet og skyllet
- 3 kopper kogt faro
- Salt og sort peber efter smag
- ½ kop smuldret fetaost, til servering (valgfrit)
- ¼ kop skiver oliven, til servering (valgfrit)
- 2 spsk frisk basilikum, chiffon, til servering (valgfrit)
- 3 spsk balsamicoeddike til servering (valgfrit)

**Adresser:**

Varm olivenolien op i en stor gryde ved middel varme, indtil den skinner. Bland løg, peberfrugt og hvidløg i, og svits i 5 minutter under omrøring af og til, indtil de er bløde.

Tilsæt zucchiniskiverne, artiskokkerne og kikærterne og svits dem i cirka 5 minutter, indtil de er lidt møre. Tilsæt den kogte faro og rør rundt, indtil den er gennemvarmet. Drys med salt og peber for at krydre.

Fordel blandingen mellem skåle. Top hver skål jævnt med fetaost, olivenskiver og basilikum og drys med balsamicoeddike, hvis det ønskes.

**Ernæring (pr. 100 g):** 366 Kalorier 19,9 g Fedt 9 g Kulhydrater 9,3 g Protein 819 mg Natrium

# 5-ingrediens zucchini fritter

**Forberedelsestid: 15 minutter.**

**Tid til at lave mad**: 5 minutter

**Portioner: 14**

**Sværhedsgrad: gennemsnitlig**

## Ingredienser:

- 4 kopper revet zucchini
- Salt efter smag
- 2 store æg, let pisket
- 1/3 kop skåret purløg
- 2/3 universalmel
- 1/8 tsk sort peber
- 2 spsk olivenolie

## Adresser:

Læg den revne zucchini i et dørslag og krydr let med salt. Lad stå i 10 minutter. Snup så meget væske fra den revne zucchini som muligt.

Hæld den revne zucchini i en skål. Tilsæt de sammenpiskede æg, spidskål, mel, salt og peber og rør det godt sammen.

Varm olivenolien op i en stor gryde ved middel varme, indtil den er varm.

Drop 3 spiseskefulde af zucchiniblandingen i den varme stegepande for at lave hver fritter, form dem let til rundinger og placer dem omkring 2 tommer fra hinanden.

Kog i 2 til 3 minutter. Vend zucchini-fritterne og kog i 2 minutter mere, eller indtil de er gyldenbrune og gennemstegte.

Fjern fra varmen til en tallerken beklædt med køkkenrulle. Gentag med den resterende zucchiniblanding. Serveres varm.

**Ernæring (pr. 100 g):** 113 Kalorier 6,1 g Fedt 9 g Kulhydrater 4 g Protein 793 mg Natrium

# Marokkansk tagine med grøntsager

**Forberedelsestid: 20 minutter.**

**Tid til at lave mad**: 40 minutter

**Portioner: 2**

**Sværhedsgrad: gennemsnitlig**

**Ingredienser:**

- 2 spsk olivenolie
- ½ hakket løg
- 1 fed hvidløg, hakket
- 2 kopper blomkålsbuketter
- 1 mellemstor gulerod, skåret i 1-tommers stykker
- 1 kop aubergine i tern
- 1 dåse hele tomater med saft
- 1 dåse (15 ounce/425 g) kikærter
- 2 små røde kartofler
- 1 kop vand
- 1 tsk ren ahornsirup
- ½ tsk kanel
- ½ tsk gurkemeje
- 1 tsk spidskommen
- ½ tsk salt
- 1 til 2 teskefulde harissa pasta

**Adresser:**

I en gryde varmes olivenolien op over medium-høj varme. Sauter løg i 5 minutter under omrøring af og til, eller indtil løget er gennemsigtigt.

Tilsæt hvidløg, blomkålsbuketter, gulerod, aubergine, tomater og kartofler. Mos tomaterne med en træske i mindre stykker.

Tilsæt kikærter, vand, ahornsirup, kanel, gurkemeje, spidskommen og salt og rør rundt. lad det koge

Når du er færdig, reducerer du varmen til medium-lav. Tilsæt harissa-pasta, læg låg på, lad det simre i cirka 40 minutter, eller indtil grøntsagerne er bløde. Smag til og juster krydderier efter behov. Lad den hvile inden servering.

**Ernæring (pr. 100 g):**293 Kalorier 9,9 g Fedt 12,1 g Kulhydrater 11,2 g Protein 811 mg Natrium

## Kikærter og salat wraps med selleri

**Forberedelsestid: 10 minutter.**

**Tid til at lave mad**: 0 minutter

**Portioner: 4**

**Sværhedsgrad: Let**

### Ingredienser:

- 1 dåse (15 ounce/425 g) kikærter med lavt natriumindhold
- 1 stilk selleri, skåret i tynde skiver
- 2 spsk finthakket rødløg
- 2 spsk usaltet tahin
- 3 spsk honningsennep
- 1 spsk kapers, udrænet
- 12 smørsalatblade

### Adresser:

Mos kikærterne i en skål med en kartoffelmoser eller bagsiden af en gaffel, indtil de er næsten glatte. Tilsæt selleri, rødløg, tahin, sennep og kapers til skålen og rør, indtil det er godt indarbejdet.

For hver servering, læg tre salatblade overlappende på en tallerken og top med ¼ af hummusfyldet, og rul derefter sammen. Gentag med resterende salatblade og kikærteblanding.

**Ernæring (pr. 100 g):** 182 Kalorier 7,1 g Fedt 3 g Kulhydrater 10,3 g Protein 743 mg Natrium

# Grillede grøntsagsspyd

**Forberedelsestid: 15 minutter.**

**Tid til at lave mad**: 10 minutter

**Portioner: 4**

**Sværhedsgrad: Let**

**Ingredienser:**

- 4 mellemstore rødløg, pillet og skåret i 6 tern
- 4 mellemstore zucchini, skåret i 1 tomme tykke skiver
- 2 bøftomater, skåret i kvarte
- 4 røde peberfrugter
- 2 orange peberfrugter
- 2 gule peberfrugter
- 2 spsk plus 1 tsk olivenolie

**Adresser:**

Forvarm grillen til medium-høj varme. Spidd grøntsagerne skiftevis mellem rødløg, zucchini, tomater og peberfrugter i forskellige farver. Smør med 2 spsk olivenolie.

Smør grillriste med 1 tsk olivenolie og grill grøntsagsspyd i 5 minutter. Vend spyddene og grill i 5 minutter mere, eller indtil de er kogte efter din smag. Lad spyddene køle af i 5 minutter inden servering.

**Ernæring (pr. 100 g):**115 Kalorier 3 g Fedt 4,7 g Kulhydrater 3,5 g Protein 647 mg Natrium

# Portobellosvampe fyldt med tomater

**Forberedelsestid: 10 minutter.**

**Tid til at lave mad**: 15 minutter

**Portioner: 4**

**Sværhedsgrad: gennemsnitlig**

**Ingredienser:**

- 4 store portobellosvampehatte
- 3 spsk ekstra jomfru olivenolie
- Salt og sort peber efter smag
- 4 soltørrede tomater
- 1 kop revet mozzarellaost, delt
- ½ til ¾ kop tomatsauce med lavt natriumindhold

**Adresser:**

Forvarm grillen til høj varme. Læg svampehætter på en bageplade og dryp med olivenolie. Drys med salt og peber. Steg i 10 minutter, vend svampehætterne halvvejs igennem, indtil de er gyldenbrune på toppen.

Fjern fra grillen. Hæld 1 tomat, 2 spsk ost og 2 til 3 spsk sauce i hver svampehætte. Sæt svampehætterne tilbage på grillen og fortsæt med at grille i 2 til 3 minutter. Lad afkøle i 5 minutter før servering.

**Ernæring (pr. 100 g):**217 Kalorier 15,8 g Fedt 9 g Kulhydrater 11,2 g Protein 793 mg Natrium

# Visne mælkebøtteblade med sødt løg

**Forberedelsestid: 15 minutter.**

**Tid til at lave mad**: 15 minutter

**Portioner: 4**

**Sværhedsgrad: Let**

**Ingredienser:**

- 1 spsk ekstra jomfru olivenolie
- 2 fed hvidløg, hakket
- 1 Vidalia løg, skåret i tynde skiver
- ½ kop grøntsagsbouillon med lavt natriumindhold
- 2 bundter mælkebøtteblade, hakket
- Friskkværnet sort peber efter smag

**Adresser:**

Varm olivenolien op i en stor stegepande ved lav varme. Tilsæt hvidløg og løg og kog i 2 til 3 minutter under omrøring af og til, eller indtil løget er gennemsigtigt.

Rør grøntsagsbouillon og mælkebøttegrønt i, og kog i 5 til 7 minutter, indtil det er blødt, under jævnlig omrøring. Drys med sort peber og server på en varm tallerken.

**Ernæring (pr. 100 g):** 81 Kalorier 3,9 g Fedt 4 g Kulhydrater 3,2 g Protein 693 mg Natrium

# Selleri og sennepsgrønt

**Forberedelsestid: 10 minutter.**

**Tid til at lave mad**: 15 minutter

**Portioner: 4**

**Sværhedsgrad: gennemsnitlig**

**Ingredienser:**

- ½ kop grøntsagsbouillon med lavt natriumindhold
- 1 stilk selleri, groft hakket
- ½ hakket sødt løg
- ½ stor rød peber, skåret i tynde skiver
- 2 fed hvidløg, hakket
- 1 bundt sennepsgrønt, hakket

**Adresser:**

Hæld grøntsagsbouillonen i en stor støbejernsgryde og bring det i kog ved middel varme. Tilsæt selleri, løg, peberfrugt og hvidløg. Kog uden låg i cirka 3 til 5 minutter.

Tilsæt sennepsgrønt til gryden og rør godt. Reducer varmen og kog indtil væsken fordamper og grøntsagerne er bløde. Fjern fra varmen og server varm.

**Ernæring (pr. 100 g):** 39 Kalorier 3,1 g Protein 6,8 g Kulhydrater 3 g Protein 736 mg Natrium

# Grøntsags- og tofukrydderi

**Forberedelsestid: 5 minutter.**

**Tid til at lave mad:** 10 minutter

**Portioner: 2**

**Sværhedsgrad: Let**

## Ingredienser:

- 2 spsk ekstra jomfru olivenolie
- ½ rødløg, finthakket
- 1 kop hakket grønkål
- 8 ounce (227 g) svampe, skåret i skiver
- 8 ounce (227 g) tofu, skåret i stykker
- 2 fed hvidløg, hakket
- 1 knivspids rød peberflager
- ½ tsk havsalt
- 1/8 tsk friskkværnet sort peber

**Adresser:**

Kog olivenolie i en medium nonstick-gryde over medium-høj varme, indtil den skinner. Tilsæt løg, grønkål og svampe i gryden. Kog og rør uregelmæssigt, eller indtil grøntsagerne begynder at brune.

Tilsæt tofuen og steg i 3 til 4 minutter, indtil den er blød. Tilsæt hvidløg, rød peberflager, salt og sort peber og kog i 30 sekunder. Lad den hvile inden servering.

**Ernæring (pr. 100 g):** 233 Kalorier 15,9 g Fedt 2 g Kulhydrater 13,4 g Protein 733 mg Natrium

# Simple Zoodles

**Forberedelsestid: 10 minutter.**

**Tid til at lave mad**: 5 minutter

**Portioner: 2**

**Sværhedsgrad: Let**

**Ingredienser:**

- 2 spsk avocadoolie
- 2 mellemstore zucchini, spiraliseret
- ¼ tsk salt
- Friskkværnet sort peber efter smag

**Adresser:**

Opvarm avocadoolie i en stor stegepande over medium varme, indtil den skinner. Tilsæt zucchininudlerne, salt og sort peber til gryden og vend til belægning. Kog, under konstant omrøring, indtil de er møre. Serveres varm.

**Ernæring (pr. 100 g):** 128 Kalorier 14 g Fedt 0,3 g Kulhydrater 0,3 g Protein 811 mg Natrium

# Linser og tomatspirer wraps

**Forberedelsestid: 15 minutter.**

**Tid til at lave mad**: 0 minutter

**Portioner: 4**

**Sværhedsgrad: Let**

## Ingredienser:

- 2 kopper kogte linser
- 5 romatomater i tern
- ½ kop smuldret fetaost
- 10 store friske basilikumblade, skåret i tynde skiver
- ¼ kop ekstra jomfru olivenolie
- 1 spsk balsamicoeddike
- 2 fed hvidløg, hakket
- ½ tsk rå honning
- ½ tsk salt
- ¼ tsk friskkværnet sort peber
- 4 store kålblade, stilke fjernet

**Adresser:**

Bland linser, tomater, ost, basilikumblade, olivenolie, eddike, hvidløg, honning, salt og sort peber og rør godt.

Læg kålbladene på en flad arbejdsflade. Hæld lige store mængder af linseblandingen på kanterne af bladene. Rul dem sammen og halver dem til servering.

**Ernæring (pr. 100 g):** 318 Kalorier 17,6 g Fedt 27,5 g Kulhydrater 13,2 g Protein 800 mg Natrium

# Middelhavs grøntsagsskål

**Forberedelsestid: 10 minutter.**

**Tid til at lave mad**: 20 minutter

**Portioner: 4**

**Sværhedsgrad: gennemsnitlig**

**Ingredienser:**

- 2 kopper vand
- 1 kop #3 bulgurhvede eller quinoa, skyllet
- 1½ tsk salt, delt
- 1 pint (2 kopper) cherrytomater, skåret i halve
- 1 stor peberfrugt, hakket
- 1 stor agurk, hakket
- 1 kop Kalamata oliven
- ½ kop friskpresset citronsaft
- 1 kop ekstra jomfru olivenolie
- ½ tsk friskkværnet sort peber

**Adresser:**

Bring vand i kog i en medium gryde ved middel varme. Tilsæt bulgur (eller quinoa) og 1 tsk salt. Dæk til og kog i 15 til 20 minutter.

For at arrangere grøntsagerne i dine 4 skåle skal du visuelt dele hver skål i 5 sektioner. Læg den kogte bulgur i én sektion. Fortsæt med tomater, peber, agurker og oliven.

Pisk citronsaft, olivenolie, den resterende ½ tsk salt og sort peber sammen.

Hæld dressingen jævnt over alle 4 skåle. Server med det samme eller dæk til og stil på køl til senere.

**Ernæring (pr. 100 g):** 772 Kalorier 9 g Fedt 6 g Protein 41 g Kulhydrater 944 mg Natrium

# Brændt grøntsag og hummus wrap

**Forberedelsestid: 15 minutter.**

**Tid til at lave mad**: 10 minutter

**Portioner: 6**

**Sværhedsgrad: gennemsnitlig**

## Ingredienser:

- 1 stor aubergine
- 1 stort løg
- ½ kop ekstra jomfru olivenolie
- 1 tsk salt
- 6 lavash ruller eller store pitabrød
- 1 kop cremet traditionel hummus

## Adresser:

Forvarm en grill, stor grillpande eller let smurt stor stegepande over medium varme. Skær aubergine og løg i cirkler. Smør grøntsagerne med olivenolie og drys med salt.

Kog grøntsager på begge sider, cirka 3 til 4 minutter per side. For at lave wrap, læg lavash eller pita fladt. Læg ca. 2 spsk hummus på indpakningen.

Fordel grøntsagerne jævnt mellem indpakningerne, og læg dem i lag langs den ene side af indpakningen. Fold forsigtigt siden af indpakningen med grøntsagerne, læg dem ind og lav en stram indpakning.

Placer omslagssømmen nedad og skær den i halve eller tredjedele.

Du kan også pakke hver sandwich med plastfolie for at hjælpe den med at holde formen og spise den senere.

**Ernæring (pr. 100 g):** 362 Kalorier 10 g Fedt 28 g Kulhydrater 15 g Protein 736 mg Natrium

# Spanske grønne bønner

**Forberedelsestid: 10 minutter.**

**Tid til at lave mad**: 20 minutter

**Portioner: 4**

**Sværhedsgrad: Let**

**Ingredienser:**

- ¼ kop ekstra jomfru olivenolie
- 1 stort løg hakket
- 4 fed hvidløg finthakket
- 1 pund grønne bønner, friske eller frosne, trimmet
- 1½ tsk salt, delt
- 1 dåse (15 ounce) tomater i tern
- ½ tsk friskkværnet sort peber

**Adresser:**

Varm olivenolie, løg og hvidløg op; kog i 1 minut. Skær de grønne bønner i 2-tommer stykker. Tilsæt grønne bønner og 1 tsk salt i gryden og bland alt sammen; kog i 3 minutter. Tilsæt hakkede tomater, resterende ½ tsk salt og sort peber i gryden; fortsæt med at lave mad i yderligere 12 minutter, under omrøring af og til. Serveres varm.

**Ernæring (pr. 100 g):** 200 Kalorier 12 g Fedt 18 g Kulhydrater 4 g Protein 639 mg Natrium

# Rustik blomkål og gulerods hash

**Forberedelsestid: 10 minutter.**

**Tid til at lave mad**: 10 minutter

**Portioner: 4**

**Sværhedsgrad: Let**

## Ingredienser:

- 3 spsk ekstra jomfru olivenolie
- 1 stort løg hakket
- 1 spsk hakket hvidløg
- 2 kopper skåret gulerødder
- 4 kopper blomkålsstykker, vasket
- 1 tsk salt
- ½ tsk stødt spidskommen

**Adresser:**

Kog olivenolie, løg, hvidløg og gulerødder i 3 minutter. Skær blomkålen i 1-tommers eller mundrette stykker. Tilsæt blomkål, salt og spidskommen til gryden og vend sammen med gulerødder og løg.

Dæk til og kog i 3 minutter. Tilsæt grøntsagerne og fortsæt med at koge i 3 til 4 minutter mere. Serveres varm.

**Ernæring (pr. 100 g):** 159 Kalorier 17 g Fedt 15 g Kulhydrater 3 g Protein 569 mg Natrium

# Brændt blomkål og tomater

**Forberedelsestid: 5 minutter.**

**Tid til at lave mad**: 25 minutter

**Portioner: 4**

**Sværhedsgrad: gennemsnitlig**

**Ingredienser:**

- 4 kopper blomkål, skåret i 1-tommers stykker
- 6 spsk ekstra jomfru olivenolie, delt
- 1 tsk salt, delt
- 4 kopper cherrytomater
- ½ tsk friskkværnet sort peber
- ½ kop revet parmesanost

**Adresser:**

Forvarm ovnen til 425 ° F. Tilsæt blomkål, 3 spsk olivenolie og ½ tsk salt til en stor skål og vend det jævnt. Lægges på bageplade i et jævnt lag.

Tilsæt tomaterne, de resterende 3 spsk olivenolie og ½ tsk salt i en anden stor skål, og vend tomaterne jævnt. Hæld på en anden bageplade. Sæt blomkålsbladet og tomatbladet i ovnen for at stege i 17 til 20 minutter, indtil blomkålen er let brunet og tomaterne er fyldige.

Brug en spatel til at lægge blomkål på en tallerken og top med tomater, sort peber og parmesanost. Serveres varm.

**Ernæring (pr. 100 g):** 294 Kalorier 14 g Fedt 13 g Kulhydrater 9 g Protein 493 mg Natrium

# Ristet Acorn Squash

**Forberedelsestid: 10 minutter.**

**Tid til at lave mad**: 35 minutter

**Portioner: 6**

**Sværhedsgrad: gennemsnitlig**

**Ingredienser:**

- 2 zucchini, mellemstore til store
- 2 spsk ekstra jomfru olivenolie
- 1 tsk salt, plus mere til krydderier
- 5 spsk usaltet smør
- ¼ kop hakkede salvieblade
- 2 spsk friske timianblade
- ½ tsk friskkværnet sort peber

**Adresser:**

Forvarm ovnen til 400 ° F. Skær agern squash i halve på langs. Skrab frøene ud og skær vandret i ¾-tommer tykke skiver. I en stor skål, dryp squashen med olivenolie, drys med salt og vend til belægning.

Læg agern squashen på en bageplade. Læg på bagepladen i ovnen og bag græskarret i 20 minutter. Vend squashen med en spatel og bag i yderligere 15 minutter.

Blødgør smørret i en medium gryde ved middel varme. Tilsæt salvie og timian til det smeltede smør og lad koge i 30 sekunder.

Overfør de kogte squashskiver til en tallerken. Hæld smør/urteblanding over squash. Smag til med salt og sort peber. Serveres varm.

**Ernæring (pr. 100 g):** 188 Kalorier 13 g Fedt 16 g Kulhydrater 1 g Protein 836 mg Natrium

# Sauteret spinat med hvidløg

**Forberedelsestid: 5 minutter.**

**Tid til at lave mad**: 10 minutter

**Portioner: 4**

**Sværhedsgrad: Let**

**Ingredienser:**

- ¼ kop ekstra jomfru olivenolie
- 1 stort løg, skåret i tynde skiver
- 3 fed hvidløg, hakket
- 6 poser (1 pund) babyspinat, vasket
- ½ tsk salt
- 1 citron skåret i både

**Adresser:**

Steg olivenolie, løg og hvidløg i en stor stegepande i 2 minutter ved middel varme. Tilsæt en pose spinat og ½ tsk salt. Dæk gryden til og lad spinaten visne i 30 sekunder. Gentag (udelad saltet), og tilsæt 1 pose spinat ad gangen.

Når al spinaten er tilsat, tages låget af og koges i 3 minutter, og lader noget af væden fordampe. Serveres varm med citronskal på toppen.

**Ernæring (pr. 100 g):** 301 Kalorier 12 g Fedt 29 g Kulhydrater 17 g Protein 639 mg Natrium

## Sauterede zucchini med hvidløg og mynte

**Forberedelsestid: 5 minutter.**

**Tid til at lave mad**: 10 minutter

**Portioner: 4**

**Sværhedsgrad: Let**

**Ingredienser:**

- 3 store grønne zucchini
- 3 spsk ekstra jomfru olivenolie
- 1 stort løg hakket
- 3 fed hvidløg, hakket
- 1 tsk salt
- 1 tsk tørret mynte

**Adresser:**

Skær zucchinien i ½-tommers tern. Kog olivenolie, løg og hvidløg i 3 minutter under konstant omrøring.

Tilsæt zucchini og salt til gryden og vend sammen med løg og hvidløg, kog i 5 minutter. Tilsæt mynte til panden, rør for at kombinere. Kog i yderligere 2 minutter. Serveres varm.

**Ernæring (pr. 100 g):** 147 Kalorier 16 g Fedt 12 g Kulhydrater 4 g Protein 723 mg Natrium

## Stuvet okra

**Forberedelsestid: 55 minutter**

**Tid til at lave mad**: 25 minutter

**Portioner: 4**

**Sværhedsgrad: Let**

**Ingredienser:**

- ¼ kop ekstra jomfru olivenolie
- 1 stort løg hakket
- 4 fed hvidløg finthakket
- 1 tsk salt
- 1 pund frisk eller frossen okra, renset
- 1 dåse (15 ounce) naturlig tomatsauce
- 2 kopper vand
- ½ kop frisk koriander, finthakket
- ½ tsk friskkværnet sort peber

**Adresser:**

Bland og kog olivenolie, løg, hvidløg og salt i 1 minut. Tilsæt okra og kog i 3 minutter.

Tilsæt tomatsauce, vand, koriander og sort peber; Rør rundt, læg låg på og lad koge i 15 minutter under omrøring af og til. Serveres varm.

**Ernæring (pr. 100 g):** 201 Kalorier 6 g Fedt 18 g Kulhydrater 4 g Protein 693 mg Natrium

# Peberfrugt fyldt med søde grøntsager

**Forberedelsestid: 20 minutter.**

**Tid til at lave mad**: 30 minutter

**Portioner: 6**

**Sværhedsgrad: gennemsnitlig**

**Ingredienser:**

- 6 store peberfrugter, forskellige farver
- 3 spsk ekstra jomfru olivenolie
- 1 stort løg hakket
- 3 fed hvidløg, hakket
- 1 hakket gulerod
- 1 dåse (16 ounce) kikærter, skyllet og drænet
- 3 kopper kogte ris
- 1½ tsk salt
- ½ tsk friskkværnet sort peber

**Adresser:**

Forvarm ovnen til 350 ° F. Sørg for at vælge peberfrugter, der kan stå oprejst. Skær peberproppen og fjern frøene, behold proppen til senere. Læg peberfrugterne i et ovnfast fad.

Varm olivenolie, løg, hvidløg og gulerødder i 3 minutter. Tilsæt kikærterne. Kog i yderligere 3 minutter. Tag gryden af varmen og hæld de kogte ingredienser i en stor skål. Tilsæt ris, salt og peber; rør for at kombinere.

Fyld hver peberfrugt til toppen, og sæt derefter peberhætterne på igen. Beklæd bradepanden med alufolie og bag i 25 minutter. Fjern folien og bag i yderligere 5 minutter. Serveres varm.

**Ernæring (pr. 100 g):** 301 Kalorier 15 g Fedt 50 g Kulhydrater 8 g Protein 803 mg Natrium

# Aubergine Moussaka

**Forberedelsestid: 55 minutter**

**Tid til at lave mad**: 40 minutter

**Portioner: 6**

**Sværhedsgrad: Hårdt**

**Ingredienser:**

- 2 store auberginer
- 2 tsk salt, delt
- olivenolie spray
- ¼ kop ekstra jomfru olivenolie
- 2 store løg, skåret i skiver
- 10 fed hvidløg, skåret i skiver
- 2 (15-ounce) dåser hakkede tomater
- 1 dåse (16 ounce) kikærter, skyllet og drænet
- 1 tsk tørret oregano
- ½ tsk friskkværnet sort peber

**Adresser:**

Skær auberginen vandret i ¼ tomme tykke runde skiver. Drys aubergineskiverne med 1 tsk salt og læg dem i et dørslag i 30 minutter.

Forvarm ovnen til 450 ° F. Dup aubergineskiverne tørre med et køkkenrulle og spray hver side med olivenoliespray eller pensl let hver side med olivenolie.

Saml auberginen i et enkelt lag på en bageplade. Sæt i ovnen og bag i 10 minutter. Vend derefter skiverne med en spatel og bag dem i yderligere 10 minutter.

Svits olivenolie, løg, hvidløg og den resterende teskefuld salt. Kog i 5 minutter, under omrøring sjældent. Tilsæt tomater, kikærter, oregano og sort peber. Lad det simre i 12 minutter under uregelmæssig omrøring.

Brug en dyb ildfast fad og begynd at lægge lag, start med aubergine og derefter sauce. Gentag indtil alle ingredienser er brugt. Bages i ovnen i 20 minutter. Tag ud af ovnen og server lun.

**Ernæring (pr. 100 g):** 262 Kalorier 11 g Fedt 35 g Kulhydrater 8 g Protein 723 mg Natrium

# Drueblade fyldt med grøntsager

**Forberedelsestid: 50 minutter.**

**Tid til at lave mad**: 45 minutter

**Portioner: 8**

**Sværhedsgrad: gennemsnitlig**

### Ingredienser:

- 2 kopper hvide ris, skyllet
- 2 store tomater, fint hakkede
- 1 stort løg, finthakket
- 1 grønt løg finthakket
- 1 kop frisk italiensk persille, finthakket
- 3 fed hvidløg, hakket
- 2½ tsk salt
- ½ tsk friskkværnet sort peber
- 1 krukke (16 ounce) drueblade
- 1 kop citronsaft
- ½ kop ekstra jomfru olivenolie
- 4 til 6 kopper vand

**Adresser:**

Bland ris, tomater, løg, grønt løg, persille, hvidløg, salt og sort peber. Dræn og skyl vindruebladene. Forbered en stor gryde ved at lægge et lag vindrueblade i bunden. Læg hvert blad fladt og klip stilkene af.

Læg 2 spiseskefulde af risblandingen i bunden af hvert blad. Fold siderne ind, og rul derefter så stramt som muligt. Placer de rullede vindrueblade i gryden, på linje med hvert rullet vindrueblad. Fortsæt med at lægge de rullede drueblade i lag.

Hæld forsigtigt citronsaft og olivenolie over vindruebladene og tilsæt nok vand til lige at dække druebladene med 1 tomme. Læg en tung tallerken, der er mindre end grydens åbning, på hovedet på vindruebladene. Dæk gryden til og kog bladene ved middel-lav varme i 45 minutter. Lad hvile i 20 minutter før servering. Serveres varm eller kold.

**Ernæring (pr. 100 g):** 532 Kalorier 15 g Fedt 80 g Kulhydrater 12 g Protein 904 mg Natrium

# Grillede aubergineruller

**Forberedelsestid: 30 minutter.**

**Tid til at lave mad**: 10 minutter

**Portioner: 6**

**Sværhedsgrad: gennemsnitlig**

**Ingredienser:**

- 2 store auberginer
- 1 tsk salt
- 4 ounce gedeost
- 1 kop ricotta
- ¼ kop frisk basilikum, finthakket
- ½ tsk friskkværnet sort peber
- olivenolie spray

**Adresser:**

Skær toppen af auberginerne af og skær dem på langs i ¼ tomme tykke skiver. Drys skiverne med salt og læg auberginen i et dørslag i 15 til 20 minutter.

Pisk gedeost, ricotta, basilikum og peber. Forvarm en grill, grillpande eller let smurt stegepande over medium varme. Dup aubergineskiverne tørre og sprøjt let med olivenoliespray. Læg auberginen på grillen, stegepanden eller stegepanden og steg i 3 minutter på hver side.

Tag auberginen af varmen og lad den køle af i 5 minutter. For at rulle, læg en skive aubergine fladt, læg en spiseskefuld af osteblandingen på bunden af skiven og rul. Server med det samme eller køl af indtil servering.

**Ernæring (pr. 100 g):** 255 Kalorier 7 g Fedt 19 g Kulhydrater 15 g Protein 793 mg Natrium

# Sprøde Zucchini Fritters

**Forberedelsestid: 15 minutter.**

**Tid til at lave mad**: 20 minutter

**Portioner: 6**

**Sværhedsgrad: Let**

## Ingredienser:

- 2 store grønne zucchini
- 2 spsk italiensk persille, finthakket
- 3 fed hvidløg, hakket
- 1 tsk salt
- 1 kop mel
- 1 stort æg, pisket
- ½ kop vand
- 1 tsk bagepulver
- 3 kopper vegetabilsk eller avocadoolie

**Adresser:**

Riv zucchinien i en stor skål. Tilsæt persille, hvidløg, salt, mel, æg, vand og bagepulver i skålen og rør rundt. I en stor gryde eller frituregryde over medium varme opvarmes olie til 365°F.

Drop frittedejen i den varme olie i spiseskefulde. Vend fritterne med en hulske og steg dem gyldenbrune, 2 til 3 minutter. Si fritterne fra olien og læg dem på en tallerken beklædt med køkkenrulle. Serveres varm med Creamy Tzatziki eller Creamy Traditional Hummus som dip.

**Ernæring (pr. 100 g):** 446 Kalorier 2 g Fedt 19 g Kulhydrater 5 g Protein 812 mg Natrium

## Spinattærter med ost

**Forberedelsestid: 20 minutter.**

**Tid til at lave mad:** 40 minutter

**Portioner: 8**

**Sværhedsgrad: Hårdt**

### Ingredienser:

- 2 spsk ekstra jomfru olivenolie
- 1 stort løg hakket
- 2 fed hvidløg, hakket
- 3 poser (1 pund) babyspinat, vasket
- 1 kop fetaost
- 1 stort æg, pisket
- butterdejsplader

### Adresser:

Forvarm ovnen til 375 ° F. Opvarm olivenolie, løg og hvidløg i 3 minutter. Tilsæt spinaten til panden en pose ad gangen, så den visner mellem hver pose. Bland med en tang. Kog i 4 minutter. Når spinaten er kogt, drænes den overskydende væske fra gryden.

I en stor skål blandes fetaost, æg og kogt spinat sammen. Læg butterdejen på et bord. Skær dejen i 3-tommer firkanter. Læg en spiseskefuld af spinatblandingen i midten af en butterdejsfirkant. Fold det ene hjørne af firkanten over til det diagonale hjørne, så du danner en trekant. Krymp kagens kanter ved at trykke ned med tænderne på en gaffel for at forsegle. Gentag indtil alle firkanter er fyldt.

Læg tærterne på en bageplade beklædt med bagepapir og bag dem i 25 til 30 minutter, eller indtil de er gyldenbrune. Serveres lun eller ved stuetemperatur.

**Ernæring (pr. 100 g):** 503 Kalorier 6 g Fedt 38 g Kulhydrater 16 g Protein 836 mg Natrium

# Agurkebid

**Forberedelsestid: 5 minutter.**

**Tid til at lave mad:** 0 minutter

**Portioner: 12**

**Sværhedsgrad: Let**

**Ingredienser:**

- 1 agurk i skiver
- 8 skiver fuldkornsbrød
- 2 spsk flødeost, blød
- 1 spsk hakket purløg
- ¼ kop avocado, skrællet, udstenet og moset
- 1 tsk sennep
- Salt og sort peber efter smag

**Adresser:**

Fordel den mosede avocado på hver skive brød, fordel også resten af ingredienserne undtagen agurkeskiverne.

Fordel agurkeskiverne over brødskiverne, skær hver skive i tre, anret på et fad og server som forret.

**Ernæring (pr. 100 g):** 187 Kalorier 12,4 g Fedt 4,5 g Kulhydrater 8,2 g Protein 736 mg Natrium

## yoghurtdip

**Forberedelsestid: 10 minutter.**

**Tid til at lave mad**: 0 minutter

**Portioner: 6**

**Sværhedsgrad: Let**

**Ingredienser:**

- 2 kopper græsk yoghurt
- 2 spsk ristede og hakkede pistacienødder
- En knivspids salt og hvid peber.
- 2 spsk hakket mynte
- 1 spsk kalamata oliven, udstenede og hakkede
- ¼ kop zaatar krydderier
- ¼ kop granatæblekerner
- 1/3 kop olivenolie

**Adresser:**

Bland yoghurten med pistacienødderne og resten af ingredienserne, pisk godt, del i små kopper og server med pitachips ved siden af.

**Ernæring (pr. 100 g):** 294 Kalorier 18 g Fedt 2 g Kulhydrater 10 g Protein 593 mg Natrium

## tomat bruchette

**Forberedelsestid: 10 minutter.**

**Tid til at lave mad**: 10 minutter

**Portioner: 6**

**Sværhedsgrad: Let**

### Ingredienser:

- 1 baguette, skåret i skiver
- 1/3 kop hakket basilikum
- 6 tomater i tern
- 2 fed hvidløg, hakket
- En knivspids salt og sort peber.
- 1 tsk olivenolie
- 1 spsk balsamicoeddike
- ½ tsk hvidløgspulver
- madlavningsspray

**Adresser:**

Læg baguetteskiver på en bageplade beklædt med bagepapir, smør med madlavningsspray. Bages i 10 minutter ved 400 grader.

Kombiner tomaterne med basilikum og resten af ingredienserne, bland godt og lad det trække i 10 minutter. Fordel tomatblandingen mellem hver baguetteskive, læg dem alle på et fad og server.

**Ernæring (pr. 100 g):** 162 Kalorier 4 g Fedt 29 g Kulhydrater 4 g Protein 736 mg Natrium

# Tomater fyldt med oliven og ost

**Forberedelsestid: 10 minutter.**

**Tid til at lave mad**: 0 minutter

**Portioner: 24**

**Sværhedsgrad: Let**

## Ingredienser:

- 24 cherrytomater, toppe skåret af og indmad plukket
- 2 spsk olivenolie
- ¼ tsk rød peberflager
- ½ kop fetaost, smuldret
- 2 spsk sort olivenpasta
- ¼ kop mynte, revet

**Adresser:**

Bland olivenpastaen i en skål med resten af ingredienserne undtagen cherrytomater og pisk godt. Fyld cherrytomaterne med denne blanding, anret dem alle på et fad og server dem som forret.

**Ernæring (pr. 100 g):** 136 Kalorier 8,6 g Fedt 5,6 g Kulhydrater 5,1 g Protein 648 mg Natrium

## Peber tapenade

**Forberedelsestid: 10 minutter.**

**Tid til at lave mad**: 0 minutter

**Portioner: 4**

**Sværhedsgrad: Let**

**Ingredienser:**

- 7 ounces ristede røde peberfrugter, hakket
- ½ kop revet parmesan
- 1/3 kop hakket persille
- 14 ounce artiskokker på dåse, drænet og hakket
- 3 spsk olivenolie
- ¼ kop kapers, drænet
- 1 og ½ spsk citronsaft
- 2 fed hvidløg, hakket

**Adresser:**

I din blender kombinerer du de røde peberfrugter med parmesanen og resten af ingredienserne og pulser godt. Fordel i kopper og server som snack.

**Ernæring (pr. 100 g):** 200 kalorier 5,6 g fedt 12,4 g kulhydrater 4,6 g protein 736 mg natrium

# Koriander falafel

**Forberedelsestid: 10 minutter.**

**Tid til at lave mad**: 10 minutter

**Portioner: 8**

**Sværhedsgrad: Let**

## Ingredienser:

- 1 kop dåse kikærter
- 1 bundt persilleblade
- 1 gult løg hakket
- 5 fed hvidløg, hakket
- 1 tsk stødt koriander
- En knivspids salt og sort peber.
- ¼ tsk cayennepeber
- ¼ teskefuld bagepulver
- ¼ tsk spidskommen pulver
- 1 tsk citronsaft.
- 3 spsk tapiokamel
- Olivenolie til stegning

**Adresser:**

I din foodprocessor kombinerer du bønnerne med persille, løg og resten af ingredienserne undtagen olien og melet og blender godt. Kom blandingen over i en skål, tilsæt melet, rør godt rundt, form denne blanding til 16 kugler og flad dem lidt.

Forvarm gryden til middelhøj varme, tilsæt falaflerne, kog i 5 minutter på begge sider, læg på køkkenrulle, dræn overskydende fedt fra, anret på et fad og server som forret.

**Ernæring (pr. 100 g):** 122 Kalorier 6,2 g Fedt 12,3 g Kulhydrater 3,1 g Protein 699 mg Natrium

# Hummus med rød peber

**Forberedelsestid: 10 minutter.**

**Tid til at lave mad**: 0 minutter

**Portioner: 6**

**Sværhedsgrad: Let**

## Ingredienser:

- 6 ounce ristede røde peberfrugter, skrællet og hakket
- 16 ounce dåse kikærter, drænet og skyllet
- ¼ kop græsk yoghurt
- 3 spsk tahini pasta
- Saft af 1 citron
- 3 fed hvidløg, hakket
- 1 spsk olivenolie
- En knivspids salt og sort peber.
- 1 spsk hakket persille

## Adresser:

I din foodprocessor, kom den røde peberfrugt sammen med resten af ingredienserne undtagen olie og persille og puls det godt. Tilsæt olien, puls igen, del i kopper, drys persillen ovenpå og server som festpålæg.

**Ernæring (pr. 100 g):** 255 Kalorier 11,4 g Fedt 17,4 g Kulhydrater 6,5 g Protein 593 mg Natrium

# Hvide bønnedip

**Forberedelsestid: 10 minutter.**

**Tid til at lave mad**: 0 minutter

**Portioner: 4**

**Sværhedsgrad: Let**

**Ingredienser:**

- 15 ounce dåse navy bønner, drænet og skyllet
- 6 ounce artiskokhjerter på dåse, drænet og skåret i kvarte
- 4 fed hvidløg, hakket
- 1 spsk hakket basilikum
- 2 spsk olivenolie
- Saft af ½ citron
- Skal af ½ revet citron
- Salt og sort peber efter smag

**Adresser:**

I din foodprocessor kombinerer du bønnerne med artiskokkerne og resten af ingredienserne undtagen olien og pulser godt. Tilsæt olien gradvist, puls blandingen igen, del i kopper og server som en festdip.

**Ernæring (pr. 100 g):** 27 Kalorier 11,7 g Fedt 18,5 g Kulhydrater 16,5 g Protein 668 mg Natrium

# Hummus med malet lam

**Forberedelsestid: 10 minutter.**

**Tid til at lave mad**: 15 minutter

**Portioner: 8**

**Sværhedsgrad: Let**

### Ingredienser:

- 10 ounce hummus
- 12 ounces malet lam
- ½ kop granatæblekerner
- ¼ kop hakket persille
- 1 spsk olivenolie
- Pitachips til servering

**Adresser:**

Forvarm stegepanden over medium-høj varme, steg kødet og svits i 15 minutter under jævnlig omrøring. Fordel hummusen på et fad, fordel det hakkede lam over det hele, drys også med granatæblekerner og persille, og server med pita-chips som snack.

**Ernæring (pr. 100 g):** 133 Kalorier 9,7 g Fedt 6,4 g Kulhydrater 5,4 g Protein 659 mg Natrium

# Aubergine dip

**Forberedelsestid: 10 minutter.**

**Tid til at lave mad**: 40 minutter

**Portioner: 4**

**Sværhedsgrad: Let**

## Ingredienser:

- 1 aubergine, hakket med en gaffel
- 2 spsk tahini pasta
- 2 spsk citronsaft
- 2 fed hvidløg, hakket
- 1 spsk olivenolie
- Salt og sort peber efter smag
- 1 spsk hakket persille

**Adresser:**

Læg auberginen i en bradepande, bag ved 400 grader F i 40 minutter, afkøl, skræl og overfør til din foodprocessor. Blend resten af ingredienserne undtagen persillen, purér godt, del i små skåle og server som forret med persillen drysset ovenpå.

**Ernæring (pr. 100 g):** 121 kalorier 4,3 g fedt 1,4 g kulhydrater 4,3 g protein 639 mg natrium

# Grøntsagsfritter

**Forberedelsestid: 10 minutter.**

**Tid til at lave mad**: 10 minutter

**Portioner: 8**

**Sværhedsgrad: Let**

**Ingredienser:**

- 2 fed hvidløg, hakket
- 2 gule løg, hakket
- 4 hakket purløg
- 2 revne gulerødder
- 2 tsk stødt spidskommen
- ½ tsk gurkemejepulver
- Salt og sort peber efter smag
- ¼ teskefuld malet koriander
- 2 spsk hakket persille
- ¼ tsk citronsaft
- ½ kop mandelmel
- 2 rødbeder, skrællet og revet
- 2 sammenpisket æg
- ¼ kop tapiokamel
- 3 spsk olivenolie

**Adresser:**

I en skål kombineres hvidløg med løg, purløg og resten af ingredienserne undtagen olien, rør godt og form mellemstore fritter med denne blanding.

Forvarm gryden over middelhøj varme, læg fritterne, steg 5 minutter på hver side, anret på et fad og server.

**Ernæring (pr. 100 g):** 209 Kalorier 11,2 g Fedt 4,4 g Kulhydrater 4,8 g Protein 726 mg natrium

# Bulgur lam frikadeller

**Forberedelsestid: 10 minutter.**

**Tid til at lave mad**: 15 minutter

**Portioner: 6**

**Sværhedsgrad: Let**

## Ingredienser:

- 1 og ½ dl græsk yoghurt
- ½ tsk spidskommen, stødt
- 1 kop agurk, revet
- ½ tsk hakket hvidløg
- En knivspids salt og sort peber.
- 1 kop bulgur
- 2 kopper vand
- 1 pund lam, stødt
- ¼ kop hakket persille
- ¼ kop hakkede skalotteløg
- ½ tsk allehånde, stødt
- ½ tsk stødt kanel
- 1 spsk olivenolie

**Adresser:**

Bland bulguren med vandet, dæk skålen til, lad den hvile i 10 minutter, afdryp og kom over i en skål. Tilsæt kød, yoghurt og resten af ingredienserne undtagen olien, rør godt rundt og form mellemstore frikadeller med denne blanding. Forvarm gryden over middel-høj varme, læg frikadellerne, steg dem i 7 minutter på hver side, anret dem alle på et fad og server dem som forret.

**Ernæring (pr. 100 g):** 300 Kalorier 9,6 g Fedt 22,6 g Kulhydrater 6,6 g Protein 644 mg Natrium

# Agurkebid

**Forberedelsestid: 10 minutter.**

**Tid til at lave mad**: 0 minutter

**Portioner: 12**

**Sværhedsgrad: Let**

**Ingredienser:**

- 1 engelsk agurk, skåret i 32 skiver
- 10 ounce hummus
- 16 cherrytomater, skåret i halve
- 1 spsk hakket persille
- 1 ounce fetaost, smuldret

**Adresser:**

Fordel hummusen på hver agurkerunde, del tomathalvdelene mellem hver, drys med ost og persille og server som forret.

**Ernæring (pr. 100 g):** 162 Kalorier 3,4 g Fedt 6,4 g Kulhydrater 2,4 g Protein 702 mg Natrium

# Fyldt avocado

**Forberedelsestid: 10 minutter.**

**Tid til at lave mad**: 0 minutter

**Portioner: 2**

**Sværhedsgrad: Let**

**Ingredienser:**

- 1 avocado, skåret i halve og udstenet
- 10 ounce tun på dåse, drænet
- 2 spsk tørrede tomater, hakket
- 1 og ½ spsk basilikumpesto
- 2 spsk sorte oliven, udstenede og hakkede
- Salt og sort peber efter smag
- 2 tsk ristede og hakkede pinjekerner
- 1 spsk hakket basilikum

**Adresser:**

Bland tunen med de soltørrede tomater og resten af ingredienserne undtagen avocadoen og rør rundt. Fyld avocadohalvdelene med tunblandingen og server som forret.

**Ernæring (pr. 100 g):** 233 Kalorier 9 g Fedt 11,4 g Kulhydrater 5,6 g Protein 735 mg Natrium

# Indpakkede blommer

**Forberedelsestid: 5 minutter.**

**Tid til at lave mad**: 0 minutter

**Portioner: 8**

**Sværhedsgrad: Let**

## Ingredienser:

- 2 ounce prosciutto, skåret i 16 stykker
- 4 blommer i kvarte
- 1 spsk hakket purløg
- Kniv knust rød peberflager

**Adresser:**

Pak hver blommekvarte ind i en skive prosciutto, læg dem alle på et fad, drys spidskål og peberflager over det hele, og server.

**Ernæring (pr. 100 g):** 30 kalorier 1 g fedt 4 g kulhydrater 2 g protein 439 mg natrium

# Marineret feta og artiskokker

**Forberedelsestid**: 10 minutter plus 4 timers inaktivitet
**Tid til at lave mad**: 10 minutter
**Portioner: 2**
**Sværhedsgrad: Let**

## Ingredienser:

- 4 ounce traditionel græsk fetaost, skåret i ½-tommers terninger
- 4 ounces drænede artiskokhjerter, skåret i kvarte på langs
- 1/3 kop ekstra jomfru olivenolie
- Skal og saft af 1 citron
- 2 spsk grofthakket frisk rosmarin
- 2 spsk hakket frisk persille
- ½ tsk sorte peberkorn

## Adresser:

I en glasskål kombineres fetaost og artiskokhjerter. Tilsæt olivenolie, citronskal og -saft, rosmarin, persille og peberkorn og vend forsigtigt rundt, og sørg for ikke at smuldre fetaen.

Lad afkøle i 4 timer eller op til 4 dage. Tag ud af køleskabet 30 minutter før servering.

**Ernæring (pr. 100 g):** 235 Kalorier 23 g Fedt 1 g Kulhydrater 4 g Protein 714 mg Natrium

## Tun kroketter

**Forberedelsestid**: 40 minutter, plus natten over timer til afkøling
**Tid til at lave mad**: 25 minutter
**Portioner**: 36
**Sværhedsgrad**: Hårdt

**Ingredienser:**

- 6 spiseskefulde ekstra jomfru olivenolie, plus 1 til 2 kopper
- 5 spiseskefulde mandelmel, plus 1 kop, delt
- 1¼ kopper tung fløde
- 1 dåse (4 ounce) gulfinnet tun pakket i olivenolie
- 1 spsk hakket rødløg
- 2 tsk hakkede kapers
- ½ tsk tørret dild
- ¼ tsk friskkværnet sort peber
- 2 store æg
- 1 kop panko brødkrummer (eller en glutenfri version)

**Adresser:**

I en stor stegepande opvarmes 6 spsk olivenolie over medium-lav varme. Tilsæt 5 spsk mandelmel og kog under konstant omrøring, indtil der dannes en glat pasta, og melet er let brunet, 2 til 3 minutter.

Vælg varmen til medium-høj og pisk gradvist den tunge fløde i, mens du pisk konstant, indtil den er helt glat og tyk, yderligere 4 til 5 minutter. Fjern og tilsæt tun, rødløg, kapers, dild og peber.

Overfør blandingen til en 8-tommer firkantet bradepande, der er godt belagt med olivenolie og stil til side ved stuetemperatur. Pakk ind og afkøl i 4 timer eller op til natten over. For at danne kroketterne skal du arrangere tre skåle. I det ene piskes æggene. I en anden tilsættes det resterende mandelmel. I den tredje tilsættes pankoen. Beklæd en bageplade med bagepapir.

Kom en spiseskefuld koldblandet dej i melblandingen og rul til belægning. Ryst overskydende af og rul med dine hænder til en oval form.

Dyp kroketten i det sammenpiskede æg, og overtræk derefter let med panko. Læg på en beklædt bageplade og gentag med den resterende dej.

I en lille gryde opvarmes de resterende 1 til 2 kopper olivenolie over medium-høj varme.

Når olien er opvarmet, steger du kroketterne 3 eller 4 ad gangen, afhængigt af størrelsen på din pande, og fjern dem med en hulske, når de er gyldne. Du bliver nødt til at justere olietemperaturen fra tid til anden for at forhindre forbrænding. Hvis pillerne bliver mørkere for hurtigt, sænk temperaturen.

**Ernæring (pr. 100 g):** 245 Kalorier 22 g Fedt 1 g Kulhydrater 6 g Protein 801 mg Natrium

# Crudités med røget laks

**Forberedelsestid: 10 minutter.**

**Tid til at lave mad**: 15 minutter

**Portioner: 4**

**Sværhedsgrad: Let**

## Ingredienser:

- 6 ounce vild røget laks
- 2 spsk ristet hvidløgsaioli
- 1 spsk dijonsennep
- 1 spsk hakket spidskål, kun grønne dele
- 2 tsk hakkede kapers
- ½ tsk tørret dild
- 4 spyd af escarole eller hjerter af romainesalat
- ½ engelsk agurk, skåret i ¼-tommer tykke skiver

## Adresser:

Skær den røgede laks i store stykker og kom over i en lille skål. Tilsæt aioli, dijon, purløg, kapers og dild og bland godt. Top endivestænglerne og agurkeskiverne med en spiseskefuld af røget lakseblanding og nyd koldt.

**Ernæring (pr. 100 g):** 92 Kalorier 5 g Fedt 1 g Kulhydrater 9 g Protein 714 mg Natrium

# Marinerede oliven med citrus

**Forberedelsestid: 4 timer.**

**Tid til at lave mad**: 0 minutter

**Portioner: 2**

**Sværhedsgrad: Let**

## Ingredienser:

- 2 kopper udstenede blandede grønne oliven
- ¼ kop rødvinseddike
- ¼ kop ekstra jomfru olivenolie
- 4 fed hvidløg finthakket
- Skal og saft af 1 stor appelsin
- 1 tsk rød peberflager
- 2 laurbærblade
- ½ tsk stødt spidskommen
- ½ tsk stødt allehånde

**Adresser:**

Tilsæt oliven, eddike, olie, hvidløg, appelsinskal og saft, rød peberflager, laurbærblade, spidskommen og allehånde og bland godt. Forsegl og afkøl i 4 timer eller op til en uge for at tillade oliven at marinere, omrør igen før servering.

**Ernæring (pr. 100 g):** 133 Kalorier 14 g Fedt 2 g Kulhydrater 1 g Protein 714 mg Natrium

# Oliventapenade med ansjoser

**Forberedelsestid**: 1 time og 10 minutter

**Tid til at lave mad**: 0 minutter

**Portioner**: 2

**Sværhedsgrad: gennemsnitlig**

## Ingredienser:

- 2 kopper udstenede Kalamata oliven eller andre sorte oliven
- 2 hakkede ansjosfileter
- 2 tsk hakkede kapers
- 1 fed hvidløg finthakket
- 1 kogt æggeblomme
- 1 tsk dijonsennep
- ¼ kop ekstra jomfru olivenolie
- Kiks med frø, runde alsidige snacks eller grøntsager, til servering (valgfrit)

**Adresser:**

Skyl oliven i koldt vand og dryp dem godt af. Placer de drænede oliven, ansjoser, kapers, hvidløg, æggeblomme og dijon i en foodprocessor, blender eller stor kande (hvis du bruger en stavblender). Bearbejd indtil der dannes en tyk pasta. Mens du kører, tilsæt gradvist olivenolien.

Læg i en lille skål, dæk til og stil på køl i mindst 1 time for at lade smagen udvikle sig. Server med kiks med frø, oven på en alsidig rund snack eller med dine yndlings sprøde grøntsager.

**Ernæring (pr. 100 g):** 179 Kalorier 19 g Fedt 2 g Kulhydrater 2 g Protein 82 mg Natrium

# Græske Deviled Æg

**Forberedelsestid: 45 minutter.**

**Tid til at lave mad**: 15 minutter

**Portioner: 4**

**Sværhedsgrad: Let**

**Ingredienser:**

- 4 store hårdkogte æg
- 2 spsk ristet hvidløgsaioli
- ½ kop fint smuldret fetaost
- 8 udstenede Kalamata oliven, fint hakket
- 2 spsk hakkede soltørrede tomater
- 1 spsk hakket rødløg
- ½ tsk tørret dild
- ¼ tsk friskkværnet sort peber

**Adresser:**

Skær de hårdkogte æg i halve på langs, fjern æggeblommerne, og læg æggeblommerne i en mellemstor skål. Gem æggehvidehalvdelene og stil til side. Mos blommerne godt med en gaffel. Tilsæt aioli, fetaost, oliven, soltørrede tomater, løg, dild og peber og rør til det er glat og cremet.

Hæld fyldet i hver æggehvidehalvdel og afkøl i 30 minutter eller op til 24 timer tildækket.

**Ernæring (pr. 100 g):** 147 Kalorier 11 g Fedt 6 g Kulhydrater 9 g Protein 736 mg Natrium

# Manchegas Cookies

**Forberedelsestid**: 1 time og 15 minutter
**Tid til at lave mad**: 15 minutter
**Portioner: 20**
**Sværhedsgrad: Hårdt**

## Ingredienser:

- 4 spsk smør, ved stuetemperatur
- 1 kop fintrevet Manchego ost
- 1 kop mandelmel
- 1 tsk salt, delt
- ¼ tsk friskkværnet sort peber
- 1 stort æg

## Adresser:

Brug en elektrisk mixer til at piske smør og revet ost, indtil det er godt blandet og glat. Tilsæt mandelmel med ½ tsk salt og peber. Tilsæt gradvist mandelmelblandingen til osten, mens du rører konstant, indtil dejen samles til en kugle.

Læg et stykke pergament eller plastfolie ud og rul til en cylindrisk træstamme, der er cirka 1½ tommer tyk. Forsegl tæt og frys derefter i mindst 1 time. Forvarm ovnen til 350 ° F. Læg bagepapir eller silikone bagemåtter på 2 bageplader.

For at få ægget til at vaske, piskes ægget og den resterende ½ tsk salt sammen. Skær den nedkølede dej i små skiver, cirka ¼ tomme tykke, og læg dem på de beklædte bageplader.

Æg skyl toppen af kagerne og bag dem, indtil kagerne er gyldenbrune og sprøde. Læg på en rist.

Serveres varm eller, når den er helt afkølet, opbevares den i en lufttæt beholder i køleskabet i op til 1 uge.

**Ernæring (pr. 100 g):** 243 Kalorier 23 g Fedt 1 g Kulhydrater 8 g Protein 804 mg Natrium

# Burrata Caprese stak

**Forberedelsestid: 5 minutter.**

**Tid til at lave mad**: 0 minutter

**Portioner: 4**

**Sværhedsgrad: Let**

## Ingredienser:

- 1 stor økologisk tomat, gerne arvestykke
- ½ tsk salt
- ¼ tsk friskkværnet sort peber
- 1 kugle (4 ounce) burrata ost
- 8 friske basilikumblade, skåret i tynde skiver
- 2 spsk ekstra jomfru olivenolie
- 1 spsk rødvin eller balsamicoeddike

**Adresser:**

Skær tomaten i 4 tykke skiver, udkern den hårde midte og drys med salt og peber. Læg tomaterne med den krydrede side opad på en tallerken. Skær burrataen i 4 tykke skiver på en separat plade, og læg en skive oven på hver tomatskive. Top hver med en fjerdedel af basilikum og hæld den reserverede burrata creme fra den kantede tallerken ovenpå.

Dryp med olivenolie og eddike og server med gaffel og kniv.

**Ernæring (pr. 100 g):** 153 Kalorier 13 g Fedt 1 g Kulhydrater 7 g Protein 633 mg Natrium

# Zucchini og Ricotta Fritters med Citron Hvidløg Aioli

**Forberedelsestid**: 10 minutter plus 20 minutters hvile

**Tid til at lave mad**: 25 minutter

**Portioner**: 4

**Sværhedsgrad**: Hårdt

## Ingredienser:

- 1 stor eller 2 små/mellem zucchini
- 1 tsk salt, delt
- ½ kop sødmælk ricottaost
- 2 purløg
- 1 stort æg
- 2 fed hvidløg finthakket
- 2 spsk hakket frisk mynte (valgfrit)
- 2 tsk citronskal
- ¼ tsk friskkværnet sort peber
- ½ kop mandelmel
- 1 tsk bagepulver
- 8 spsk ekstra jomfru olivenolie
- 8 spsk ristet hvidløgs-aioli eller avocadoolie-mayonnaise

**Adresser:**

Læg den revne zucchini i et dørslag eller på flere lag køkkenrulle. Drys med ½ tsk salt og lad det sidde i 10 minutter. Brug et andet lag køkkenrulle til at trykke på zucchinien for at frigive overskydende fugt og dup den tør. Rør drænet zucchini, ricotta, spidskål, æg, hvidløg, mynte (hvis du bruger), citronskal, resterende ½ tsk salt og peber i.

Pisk mandelmel og bagepulver sammen. Vend melblandingen ind i zucchiniblandingen og lad det stå i 10 minutter. Steg fritterne i en stor stegepande i fire omgange. For hver batch af fire opvarmes 2 spsk olivenolie over medium-høj varme. Tilsæt 1 dynger spiseskefuld zucchini-dej pr. fritte, tryk med bagsiden af en ske for at danne 2 til 3-tommer fritter. Dæk til og lad stege i 2 minutter, inden du vender. Steg yderligere 2 til 3 minutter, tildækket, eller indtil de er sprøde, gyldne og gennemstegte. Du skal muligvis reducere varmen til medium for at undgå forbrænding. Fjern fra panden og hold varm.

Gentag for de resterende tre partier, og brug 2 spsk olivenolie til hver batch. Server fritterne varme med aioli.

**Ernæring (pr. 100 g):** 448 Kalorier 42 g Fedt 2 g Kulhydrater 8 g Protein 744 mg Natrium

# Lakse fyldte agurker

**Forberedelsestid: 10 minutter.**

**Tid til at lave mad**: 0 minutter

**Portioner: 4**

**Sværhedsgrad: Let**

## Ingredienser:

- 2 store agurker, skrællede
- 1 dåse (4 ounce) sockeye laks
- 1 medium meget moden avocado
- 1 spsk ekstra jomfru olivenolie
- Skal og saft af 1 lime
- 3 spsk hakket frisk koriander
- ½ tsk salt
- ¼ tsk friskkværnet sort peber

## Adresser:

Skær agurken i 1-tommer tykke segmenter, og brug en ske til at skrab frøene fra midten af hvert segment og læg dem på en tallerken. Kombiner laks, avocado, olivenolie, limeskal og -saft, koriander, salt og peber i en mellemstor skål og blend indtil cremet.

Læg lakseblandingen i midten af hvert agurkesegment og server koldt.

**Ernæring (pr. 100 g):** 159 Kalorier 11 g Fedt 3 g Kulhydrater 9 g Protein 739 mg Natrium

# Gedeost og Makrel Pate

**Forberedelsestid: 10 minutter.**

**Tid til at lave mad**: 0 minutter

**Portioner: 4**

**Sværhedsgrad: Let**

**Ingredienser:**

- 4 ounce vild makrel pakket i olivenolie
- 2 ounce gedeost
- Skal og saft af 1 citron
- 2 spsk hakket frisk persille
- 2 spsk hakket frisk rucola
- 1 spsk ekstra jomfru olivenolie
- 2 tsk hakkede kapers
- 1 til 2 teskefulde frisk peberrod (valgfrit)
- Kiks, agurkeskiver, endive eller selleri, til servering (valgfrit)

**Adresser:**

Kombiner makrel, gedeost, citronskal og -saft, persille, rucola, olivenolie, kapers og peberrod i en foodprocessor, blender eller en stor skål med en dyppeblender (hvis du bruger det). Bearbejd eller blend indtil glat og cremet.

Server med kiks, agurkeskiver, endive eller selleri. Forsegl, tildækket, i køleskabet i op til 1 uge.

**Ernæring (pr. 100 g):** 118 Kalorier 8 g Fedt 6 g Kulhydrater 9 g Protein 639 mg Natrium

# Smag af middelhavsfedtbomber

**Forberedelsestid**: 4 timer og 15 minutter

**Tid til at lave mad**: 0 minutter

**Portioner: 6**

**Sværhedsgrad: gennemsnitlig**

**Ingredienser:**

- 1 kop smuldret gedeost
- 4 spsk pesto i en krukke
- 12 udstenede Kalamata oliven, finthakket
- ½ kop finthakkede valnødder
- 1 spsk hakket frisk rosmarin

**Adresser:**

Pisk gedeost, pesto og oliven i en mellemstor skål og bland det godt med en gaffel. Frys i 4 timer for at hærde.

Brug dine hænder til at lave blandingen til 6 kugler, cirka ¾ tomme i diameter. Blandingen vil være klistret.

Læg valnødderne og rosmarin i en lille skål, og rul gedeostkuglerne i valnøddeblandingen, så de bliver overtrukket. Opbevar fedtbomber i køleskabet i op til 1 uge eller i fryseren i op til 1 måned.

**Ernæring (pr. 100 g):** 166 Kalorier 15 g Fedt 1 g Kulhydrater 5 g Protein 736 mg Natrium

# Avocado Gazpacho

**Forberedelsestid: 15 minutter.**

**Tid til at lave mad**: 10 minutter

**Portioner: 4**

**Sværhedsgrad: Let**

## Ingredienser:

- 2 kopper hakkede tomater
- 2 store modne avocadoer, halveret og udstenet
- 1 stor agurk, skrællet og kernet
- 1 mellemstor peberfrugt (rød, orange eller gul), hakket
- 1 kop almindelig sødmælk græsk yoghurt
- ¼ kop ekstra jomfru olivenolie
- ¼ kop hakket frisk koriander
- ¼ kop hakket spidskål, kun den grønne del
- 2 spsk rødvinseddike
- Saft af 2 lime eller 1 citron
- ½ til 1 tsk salt
- ¼ tsk friskkværnet sort peber

**Adresser:**

Brug en stavblender til at kombinere tomater, avocadoer, agurk, peberfrugt, yoghurt, olivenolie, koriander, spidskål, eddike og limesaft. Blend indtil glat.

Smag til og bland for at kombinere smagene. Serveres koldt.

**Ernæring (pr. 100 g):** 392 Kalorier 32 g Fedt 9 g Kulhydrater 6 g Protein 694 mg Natrium

# Krabbekage Salatkopper

**Forberedelsestid: 35 minutter.**

**Tid til at lave mad**: 20 minutter

**Portioner: 4**

**Sværhedsgrad: gennemsnitlig**

## Ingredienser:

- 1 pund kæmpekrabbe
- 1 stort æg
- 6 spsk ristet hvidløgsaioli
- 2 spsk dijonsennep
- ½ kop mandelmel
- ¼ kop hakket rødløg
- 2 tsk røget paprika
- 1 tsk sellerisalt
- 1 tsk hvidløgspulver
- 1 tsk tørret dild (valgfrit)
- ½ tsk friskkværnet sort peber
- ¼ kop ekstra jomfru olivenolie
- 4 store blade Bibb-salat, tykke ben fjernet

## Adresser:

Læg krabbekødet i en stor skål og fjern eventuelle synlige skaller, og bryd derefter kødet op med en gaffel. I en lille skål piskes ægget, 2 spsk aioli og dijonsennep. Tilføj til krabbekødet og blend med en gaffel. Tilsæt mandelmel, rødløg, paprika, sellerisalt, hvidløgspulver, dild (hvis du bruger) og peber og rør det godt sammen. Lad sidde ved stuetemperatur i 10 til 15 minutter.

Form til 8 små kager, cirka 2 tommer i diameter. Kog olivenolien over medium-høj varme. Steg kagerne, indtil de er gyldenbrune, 2 til 3 minutter på hver side. Pakk ind, sænk varmen til lav, og kog i yderligere 6 til 8 minutter, eller indtil den er sat i midten. Fjern fra panden.

Til servering skal du pakke 2 små krabbekager ind i hvert salatblad og top med 1 spsk aioli.

**Ernæring (pr. 100 g):** 344 Kalorier 24 g Fedt 2 g Kulhydrater 24 g Protein 804 mg Natrium

# Orange Estragon Kylling Salat Wrap

**Forberedelsestid: 15 minutter.**

**Tid til at lave mad**: 0 minutter

**Portioner: 4**

**Sværhedsgrad: Let**

## Ingredienser:

- ½ kop almindelig sødmælk græsk yoghurt
- 2 spsk dijonsennep
- 2 spsk ekstra jomfru olivenolie
- 2 spsk frisk estragon
- ½ tsk salt
- ¼ tsk friskkværnet sort peber
- 2 kopper kogt strimlet kylling
- ½ kop hakkede mandler
- 4 til 8 store blade af Bibb-salat, hård stilk fjernet
- 2 små modne avocadoer, skrællet og skåret i tynde skiver
- Skal af 1 clementin eller ½ lille appelsin (ca. 1 spsk)

**Adresser:**

I en mellemstor skål piskes yoghurt, sennep, olivenolie, estragon, appelsinskal, salt og peber sammen, og pisk indtil cremet. Tilsæt den strimlede kylling og mandler og vend til belægning.

For at samle wrapsene skal du placere ca. ½ kop af kyllingesalatblandingen i midten af hvert salatblad og top med avocadoskiver.

**Ernæring (pr. 100 g):** 440 Kalorier 32g l Fedt 8g Kulhydrater 26g Protein 607mg Natrium

# Svampe fyldt med feta og quinoa

**Forberedelsestid: 5 minutter.**

**Tid til at lave mad**: 8 minutter

**Portioner: 6**

**Sværhedsgrad: gennemsnitlig**

## Ingredienser:

- 2 spsk finthakket rød peber
- 1 fed hvidløg, hakket
- ¼ kop kogt quinoa
- 1/8 tsk salt
- ¼ tsk tørret oregano
- 24 svampe, opstammet
- 2 ounce smuldret fetaost
- 3 spsk fuldkornsbrødkrummer
- Olivenolie spray til madlavning

## Adresser:

Forvarm airfryer til 360 ° F. Bland peberfrugt, hvidløg, quinoa, salt og oregano i en lille skål. Hæld quinoafyldet i svampehætterne til de er fyldt. Tilføj et lille stykke fetaost til toppen af hver champignon. Drys en knivspids rasp over fetaosten i hver svamp.

Beklæd airfryer-kurven med madlavningsspray, og læg derefter forsigtigt svampene i kurven, og sørg for, at de ikke rører hinanden.

Læg kurven i airfryeren og bag i 8 minutter. Fjern fra frituregryden og server.

**Ernæring (pr. 100 g):** 97 Kalorier 4 g Fedt 11 g Kulhydrater 7 g Protein 677 mg Natrium

# Fem-ingrediens falafel med hvidløg og yoghurtsauce

**Forberedelsestid: 5 minutter.**

**Tid til at lave mad**: 15 minutter

**Portioner: 4**

**Sværhedsgrad: Hårdt**

**Ingredienser:**

- Til falaflen
- 1 dåse (15 ounce) kikærter, drænet og skyllet
- ½ kop frisk persille
- 2 fed hvidløg, hakket
- ½ spsk stødt spidskommen
- 1 spsk fuldkornshvedemel
- Salt
- Til hvidløg og yoghurtsauce
- 1 kop almindelig fedtfri græsk yoghurt
- 1 fed hvidløg, hakket
- 1 spsk hakket frisk dild
- 2 spsk citronsaft

**Adresser:**

At lave falaflen

Forvarm airfryeren til 360 ° F. Kom kikærterne i en foodprocessor. Puls indtil næsten hakket, tilsæt derefter persille, hvidløg og spidskommen og puls i yderligere et par minutter, indtil ingredienserne er blevet til en dej.

Tilsæt melet. Puls et par gange mere indtil kombineret. Dejen får tekstur, men kikærterne skal knuses i små stykker. Med rene hænder ruller du dejen til 8 lige store kugler, og banker derefter lidt på kuglerne, så de er som ½-tykke skiver.

Beklæd airfryer-kurven med madlavningsspray, og læg derefter falafelburgerne i kurven i et enkelt lag, og sørg for, at de ikke rører hinanden. Steg i frituregryden i 15 minutter.

For at lave hvidløg og yoghurtsauce

Bland yoghurt, hvidløg, dild og citronsaft. Når falaflen er klar til at blive tilberedt og flot brunet på alle sider, tages den ud af frituregryden og smages til med salt. Server den varme side af dipsauce.

**Ernæring (pr. 100 g):** 151 Kalorier 2 g Fedt 10 g Kulhydrater 12 g Protein 698 mg Natrium

# Citronrejer med hvidløg olivenolie

**Forberedelsestid: 5 minutter**

**Tid til at lave mad**: 6 minutter

**Portioner: 4**

**Sværhedsgrad: gennemsnitlig**

## Ingredienser:

- 1 pund mellemstore rejer, renset og afveget
- ¼ kop plus 2 spsk olivenolie, delt
- Saft af ½ citron
- 3 fed hvidløg, hakket og delt
- ½ tsk salt
- ¼ tsk rød peberflager
- Citronskiver, til servering (valgfrit)
- Marinara sauce, til dypning (valgfrit)

## Adresser:

Forvarm luftfrituregryden til 380 ° F. Tilsæt rejer med 2 spsk olivenolie, citronsaft, 1/3 hakket hvidløg, salt og rød peberflager og dæk det tæt.

I en lille ramekin kombineres den resterende ¼ kop olivenolie og det resterende hakkede hvidløg. Riv et 12" x 12" ark aluminiumsfolie af. Læg rejerne i midten af folien, fold derefter siderne op og krymp kanterne, så de danner en folieskål, der er åben i toppen. Læg denne pakke i airfryer-kurven.

Grill rejerne i 4 minutter, åbn derefter airfryeren og læg ramekinen med olie og hvidløg i kurven ved siden af rejepakken. Kog i 2 minutter mere. Overfør rejerne til et serveringsfad eller et fad med gryden med hvidløgsolivenolie på siden til dypning. Du kan også servere med citronbåde og marinara sauce, hvis det ønskes.

**Ernæring (pr. 100 g):** 264 Kalorier 21 g Fedt 10 g Kulhydrater 16 g Protein 473 mg Natrium

# Sprøde grønne bønnefrites med citronyoghurtsauce

**Forberedelsestid: 5 minutter.**

**Tid til at lave mad**: 5 minutter

**Portioner: 4**

**Sværhedsgrad: gennemsnitlig**

**Ingredienser:**

- <u>Til de grønne bønner</u>
- 1 æg
- 2 spsk vand
- 1 spsk fuldkornshvedemel
- ¼ tsk paprika
- ½ tsk hvidløgspulver
- ½ tsk salt
- ¼ kop fuldkornsbrødkrummer
- ½ pund hele grønne bønner
- <u>Til citron- og yoghurtsaucen</u>
- ½ kop almindelig fedtfri græsk yoghurt
- 1 spsk citronsaft
- ¼ tsk salt
- 1/8 tsk cayennepeber

**Adresse:**

At lave de grønne bønner

Forvarm airfryer til 380°F.

Kombiner ægget og vandet i en medium, lavvandet skål, indtil det er skummende. Pisk mel, paprika, hvidløgspulver og salt i en anden medium, lav skål, og bland derefter brødkrummerne i.

Beklæd bunden af frituregryden med madlavningsspray. Dyp hver grønne bønne i æggeblandingen og derefter i brødkrummeblandingen, og beklæd ydersiden med krummerne. Læg de grønne bønner i et enkelt lag i bunden af airfryer-kurven.

Steg i frituregryden i 5 minutter eller indtil paneringen er gylden.

For at lave citron- og yoghurtsauce

Rør yoghurt, citronsaft, salt og cayennepeber i. Server de grønne bønnefritter sammen med citronyoghurtdippen som snack eller forret.

**Ernæring (pr. 100 g):** 88 kalorier 2 g fedt 10 g kulhydrater 7 g protein 697 mg natrium

# Hjemmelavede havsalt pita chips

**Forberedelsestid: 2 minutter.**

**Tid til at lave mad**: 8 minutter

**Portioner: 2**

**Sværhedsgrad: Let**

**Ingredienser:**

- 2 fuldkorns pitaer
- 1 spsk olivenolie
- ½ tsk kosher salt

**Adresser**

Forvarm airfryer til 360 ° F. Skær hver pita i 8 terninger. I en mellemstor skål, smid pitabloderne, olivenolie og salt, indtil skiverne er dækket, og olivenolien og saltet er jævnt fordelt.

Læg pita-skiverne i airfryer-kurven i et jævnt lag og steg i 6 til 8 minutter.

Smag til med yderligere salt, hvis det ønskes. Server alene eller med din yndlingssauce.

**Ernæring (pr. 100 g):** 230 Kalorier 8 g Fedt 11 g Kulhydrater 6 g Protein 810 mg Natrium

# Bagt Spanakopita Dip

**Forberedelsestid: 10 minutter.**

**Tid til at lave mad**: 15 minutter

**Portioner: 2**

**Sværhedsgrad: gennemsnitlig**

**Ingredienser:**

- Olivenolie spray til madlavning
- 3 spsk olivenolie, delt
- 2 spsk hakket hvidløg
- 2 fed hvidløg, hakket
- 4 kopper frisk spinat
- 4 ounce flødeost, blødgjort
- 4 ounces fetaost, delt
- Skal af 1 citron
- ¼ tsk stødt muskatnød
- 1 tsk tørret dild
- ½ tsk salt
- Pitachips, gulerodsstænger eller skiveskåret brød til servering (valgfrit)

**Adresser:**

Forvarm airfryer til 360 ° F. Beklæd indersiden af en 6-tommers bradepande med madlavningsspray.

Opvarm 1 spsk olivenolie i en stor stegepande over medium varme. Tilsæt løget, og steg derefter i 1 minut. Tilsæt hvidløg og kog under omrøring i 1 minut mere.

Sænk varmen og kom spinat og vand sammen. Kog indtil spinaten er visnet. Tag gryden af varmen. I en mellemstor skål, slå flødeost, 2 ounce feta og resterende olivenolie, citronskal, muskatnød, dild og salt. Bland indtil kombineret.

Tilføj grøntsagerne til ostebunden og rør, indtil de er blandet. Hæld sauceblandingen i den forberedte gryde og top med de resterende 2 ounces fetaost.

Læg saucen i airfryer-kurven og kog i 10 minutter, eller indtil den er helt varm og boblende. Server med pitachips, gulerodsstænger eller skiveskåret brød.

**Ernæring (pr. 100 g):** 550 Kalorier 52 g Fedt 21 g Kulhydrater 14 g Protein 723 mg Natrium

## Ristet perleløg dip

**Forberedelsestid: 5 minutter.**

**Tid til at lave mad**: 12 minutter plus 1 time til afkøling

**Portioner: 4**

**Sværhedsgrad: gennemsnitlig**

### Ingredienser:

- 2 kopper pillede perleløg
- 3 fed hvidløg
- 3 spsk olivenolie, delt
- ½ tsk salt
- 1 kop almindelig fedtfri græsk yoghurt
- 1 spsk citronsaft
- ¼ tsk sort peber
- 1/8 tsk rød peberflager
- Pitachips, grøntsager eller toast til servering (valgfrit)

### Adresser:

Forvarm airfryer til 360 ° F. Kombiner perleløg og hvidløg i en stor skål med 2 spsk olivenolie, indtil løgene er godt belagte.

Hæld hvidløgs- og løgblandingen i airfryer-kurven og steg i 12 minutter. Kom hvidløg og løg i en foodprocessor. Puls grøntsagerne et par gange, indtil løgene er hakket, men stadig har nogle bidder.

Tilsæt hvidløg og løg og den resterende spiseskefuld olivenolie sammen med salt, yoghurt, citronsaft, sort peber og rød peberflager. Afkøl i 1 time før servering med pita chips, grøntsager eller toast.

**Ernæring (pr. 100 g):** 150 Kalorier 10 g Fedt 6 g Kulhydrater 7 g Protein 693 mg Natrium

# Rød peber tapenade

**Forberedelsestid: 5 minutter.**

**Tid til at lave mad**: 5 minutter

**Portioner: 4**

**Sværhedsgrad: gennemsnitlig**

**Ingredienser:**

- 1 stor rød peberfrugt
- 2 spsk plus 1 tsk olivenolie
- ½ kop Kalamata oliven, udstenede og hakkede
- 1 fed hvidløg, hakket
- ½ tsk tørret oregano
- 1 spsk citronsaft

**Adresser:**

Forvarm airfryeren til 380 ° F. Pensl ydersiden af en hel rød peberfrugt med 1 tsk olivenolie og læg den i airfryer-kurven. Steg i 5 minutter. I mellemtiden røres de resterende 2 spiseskefulde olivenolie i en mellemstor skål med oliven, hvidløg, oregano og citronsaft.

Fjern den røde peber fra frituregryden, klip derefter stilken forsigtigt og fjern frøene. Skær den ristede peber i små stykker.

Tilsæt den røde peber til olivenblandingen og rør det hele sammen, indtil det er blandet. Server med pita-chips, kiks eller sprødt brød.

**Ernæring (pr. 100 g):** 104 Kalorier 10 g Fedt 9 g Kulhydrater 1 g Protein 644 mg Natrium

## Græsk kartoffelskind med oliven og fetaost

**Forberedelsestid: 5 minutter.**

**Tid til at lave mad**: 45 minutter

**Portioner: 4**

**Sværhedsgrad: Hårdt**

**Ingredienser:**

- 2 rødbrune kartofler
- 3 spsk olivenolie
- 1 tsk kosher salt, delt
- ¼ tsk sort peber
- 2 spsk frisk koriander
- ¼ kop Kalamata oliven, skåret i tern
- ¼ kop smuldret fetaost
- Frisk hakket persille til dekoration (valgfrit)

**Adresser:**

Forvarm airfryeren til 380 ° F. Brug en gaffel til at stikke 2 til 3 huller i kartoflerne, og overtræk derefter med cirka ½ spsk olivenolie og ½ tsk salt.

Læg kartoflerne i airfryer-kurven og bag dem i 30 minutter. Tag kartoflerne ud af frituregryden og skær dem i halve. Skrab kødet fra kartoflerne med en ske, efterlad et ½-tommer lag kartoffel inde i skindet, og sæt til side.

Kombiner kartoffelhalvdelene i en mellemstor skål med de resterende 2 spsk olivenolie, ½ tsk salt, sort peber og koriander. Bland indtil godt blandet. Fordel kartoffelfyldet mellem de nu tomme kartoffelskræller, fordel dem jævnt over dem. Top hver kartoffel med en spiseskefuld oliven og fetaost.

Placer de fyldte kartoffelskind tilbage i airfryeren og bag dem i 15 minutter. Server med yderligere hakket koriander eller persille og et skvæt olivenolie, hvis det ønskes.

**Ernæring (pr. 100 g):** 270 kalorier 13 g fedt 34 g kulhydrater 5 g protein 672 mg natrium

# Artiskok og Oliven Pita Fladbrød

**Forberedelsestid: 5 minutter.**

**Tid til at lave mad**: 10 minutter

**Portioner: 4**

**Sværhedsgrad: Let**

**Ingredienser:**

- 2 fuldkorns pitaer
- 2 spsk olivenolie, delt
- 2 fed hvidløg, hakket
- ¼ tsk salt
- ½ kop artiskokhjerter på dåse, skåret i skiver
- ¼ kop Kalamata oliven
- ¼ kop revet parmesanost
- ¼ kop smuldret fetaost
- Frisk hakket persille til dekoration (valgfrit)

**Adresser:**

Forvarm airfryer til 380 ° F. Pensl hver pita med 1 spsk olivenolie, og drys derefter hakket hvidløg og salt ovenpå.

Fordel artiskokhjerter, oliven og oste jævnt mellem de to pitaer, og læg begge i airfryeren for at bage i 10 minutter. Fjern pitaerne og skær dem i 4 stykker hver inden servering. Drys persille på toppen, hvis det ønskes.

**Ernæring (pr. 100 g):** 243 Kalorier 15 g Fedt 10 g Kulhydrater 7 g Protein 644 mg Natrium

www.ingramcontent.com/pod-product-compliance
Lightning Source LLC
Chambersburg PA
CBHW050346120526
44590CB00015B/1583